サイキックパワー

How to Develop Your Psychic Power

アンソニー・ノーヴェル
Anthony Norvell

青木桃子＝訳
Momoko Aoki

宇宙の
神秘エネルギーと
つながる方法

SEIKO SHOBO

この本を読めば、
物質的な豊かさもスピリチュアルな能力も手に入る。
あなたの夢を叶える方法がわかる。
本書の教えに従えば、
超意識の黄金の扉を開いて新しい世界観を築き、
潜在能力を開花させる方法がひとりでまなべる。

第1章 サイキックな導きで健康と活力を手に入れるには

第2章 人生をコントロールする サイキック・パワーとアクセスするには

第3章 サイキック・テレパシーで交信するには

第4章 導きを求めてサイキック記憶庫にアクセスするには

第6章 サイキックな導きで危険を避け、安全を確保するには

第7章 サイキック即興を使って成功してリッチになるには

第8章 魂のミラースコープを使って サイキック・パワーを集中するには

第9章 サイキック夢遊状態を使ってアストラル放射するには

第10章 サイキック・エネルギーで権力、名声、健康、安全を手に入れるには

第11章 サイキック霊媒で日常の問題を解決するには

第12章　サイキック覚醒度を高めるには

第13章　潜在超能力を開発するダイナミックな法則

第14章　サイキック・マトリックスで奇跡を起こすには

第15章　サイキック再生で心と身体を甦らせるには

第16章　サイキック同調で過去の天才とつながるには

第17章　サイコキネマティクスで物質を動かすには

第18章　欲しいものを手に入れる サイキック・プログラミング

カバーデザイン ▶ フロッグキングスタジオ

How to Develop Your Psychic Powers
by Anthony Norvell
Originally publishd by Parker Publishing Company, New York in 1969.
Japanese edition published by Seiko-Shobo inc,
under the Berne Convention for the protection of literary and artistic works.

カーネギーホールのセミナーに参加して、
ともに超心理学の探求をつづけた受講生の皆さんに、
この本を捧げる。
本書の中で皆さんの体験を
実例として紹介するお許しをいただいたことにも、
深く感謝したい。

第1章

サイキックな導きで健康と活力を手に入れるには

だれでもほんとうは、一〇〇歳を超えても若く健康で、エネルギッシュでいられるパワーが生まれつき備わっている。

そのパワーは脳内に宿っている。細胞の一つ一つにも宿っており、何を食べたらよいかを教えてくれる。また食べ物を消化して化学物質に分解し、身体の隅々まで栄養を届けてくれる。傷ついた細胞を癒して修復し、エネルギーを取り戻してくれる。

このサイキックなパワーこそが生命力であり、生まれて初めて息を吸った瞬間から働きだし、一生を通じてあなたが健康でいられるよう導いてくれる。このパワーのおかげで、眠っている間も呼吸をつづけ、心臓は鼓動し、傷ついた細胞は修復され、脳にも身体にも血液が流れ、あなたの身体は癒されるのだ。

サイキック・パワーの声が、あなたの細胞にささやきかける

サイキック・パワーが脳や体細胞にささやきかける声を、あなたも聞けるようになる。声の導きに、いつでも従えるようになる。その声は、病気の予防法、侵入した細菌を殺す方法、分泌物の化学作用によって病気に打ち勝つ方法を教えてくれる。また、宇宙意識のダイナミック

な脈動に合わせて、あなたの心臓を脈打たせてくれる。

このすばらしいパワーは、母親の超意識から胎児に伝わる。たった九カ月で人間の体を完璧につくりあげるという、奇跡にも似た力である。赤ちゃんの血液、骨、体組織をつくり、心臓、脳、肺、胃、腎臓、神経、動脈、骨となる膨大な数の細胞もつくりだす。胎児を成長させる設計図は母親の超意識の中にあり、宇宙のすべてを司る法則に従っている。この宇宙の法則を、人間はまなんで利用できる。

サイキック・パワーの働きにより健康でエネルギッシュになり、長生きできるのだ。

人間を取りまく不思議な力

私たちの生きる世界は、神秘にみちている。まわりをダイナミックなパワーに取り囲まれているのだが、その力について人間は完全には理解していない。じつは人間や人生は、目に見えないサイキックな領域に支配されている。人生のすべての行動や働きは、サイキックな領域にコントロールされているのだ。

宇宙には、あらゆる細胞に流れるサイキックな知性がある。この知性は高次の宇宙精神の導きに従っており、自然界においては重力、電気、磁気、放射線、土中の毛管現象といった、目には見えない力となって働く。

四次元のサイキックな領域においては、サイキック現象の法則が、目に見えない波長となって作用している。

あなたの精神は、四次元の領域と交信することによって、人生のあらゆる面で健康、長寿、心の平和、幸福、安心、愛を手に入れられるのだ。

あなたにはすばらしい運命が待っている

サイキックな知性は、運命という船の舵をとる航海士であり、ひとは〈運命〉号に乗って時空の海原を駆け、人生という謎めいた旅をする。そして肉体や物質の障壁や限界を超えて、心と魂の神秘的な水平線をめざす。太陽のまわりを時速一〇八〇〇キロで公転して輝く星、地球に乗って旅する航海者、それが人間だ。目的地は聖なる運命である。運命は、たとえようもなく美しいものへと高めることができる。四次元のサイキックな知性の導きに従うなら、心と体を健康に保ち、高い目標を達成できる。

では、人間は健康、幸福、富を手に入れられるようにできているのに、なぜ病気や災難に苦しめられるのだろうか。

それは、内なるパワーの導きに耳を傾けようとしないからだ。天からの教えである直観を無視するからなのだ。サイキック・パワーの声が、どう生きたらいいか、どうやって健康を保つか、病気はどう治せばいいかを教えてくれているのに。

自然界に現れるサイキック・パワーの働き

宇宙精神の知性は自然界でも働き、奇跡のような現象を起こす。あらゆる鳥、動物、昆虫、それに草木も、この知性に無心に従っている。天から与えられた本能に導かれて、自分たちの運命をまっとうする。牛や馬が有毒な物を食べたり、酒や煙草をのんだりするところを見たことはないはずだ。

この知性の見事な働きを、鶏の受精卵の例で見てみよう。受精卵は命も知性もない物質に見えるが、殻の中にはサイキックな生命力が宿っており、四次元の知性の法則に従っている。そして二一日をかけて、卵の中でただの無機物と見えたものが、毛、心臓、眼、耳となり、生命力が解き放たれる。雛は殻をくちばしで突いて割り、この世に飛び出し、自分の運命をまっとうするのだ。

サイキックな生命力をどうやって解き放つか

神の不滅の精神に息づくこの知性は、自然法則を通して細胞に語りかけ、サイキックな生命力を発揮させる。そのおかげで人間は健康体でいられる。こうした天からの刺激は、直観を通じて降りてくる。魂の言葉を学べば、こちらからもアクセスできる。人間が四次元の知性にアクセスするというのが、サイキック現象（超能力）のしくみである。病気になっても、死に瀕したとしても、細胞に宿るサイキックな生命力を呼び覚まして活力を取り戻すことができる。

Example　ある医師のサイキック体験

ある医師が、重い合併症で死にかけた男性患者の話をしてくれた。患者は三日間、昏睡状態がつづき、なにをしても覚醒しようとしなかった。だが医師はサイキック体験に詳しく、四次元の精神と魂の力を信じていた。そこで昏睡状態の患者にやさしくささやきかけた。

「いま死んではいけない。息子さんはまだ一〇歳なのに。お父さんが死んでしまったら大学にも行けず、将来たいへんな苦労をしますよ。だからあなたは生きて、良くならなければ。息子さんのために。私の声が聞こえるでしょう。昏睡からさめて、病気を治して生きなさい。あなたの脳と身体には生命力がある。その生命力が私の言葉を聞いて湧き上がり、あなたは目覚めてもういちど元気になれる」

それから二時間もしないうちに、患者は昏睡から覚めた。たっぷり食事をとり、二、三日後にはベッドから出て歩きまわっていた。症状はすっかりおさまり、患者は仕事に復帰した。その後、以前にもましてエネルギッシュに生きたそうである。

健康を守る、サイキック・メカニズムの5つの機能

人間の脳と身体にひそむ四次元のサイキック・メカニズム（サイキック・パワーの働き）には、おもに五つの機能がある。それを知れば、超意識やサイキック・パワーの奇跡的な力を解き放つ方法がわかり、身体の機能をいつまでも完璧に保てる。

五つの機能とは――

❶細菌が侵入したら殺し、身体の健康を守る
❷病気や負傷から身体を回復させる
❸心臓、肺、血流、消化など、自律的に働く機能をうまく発揮させる
❹身体に栄養を与え、健康に必要な化学物質を体組織に運ぶ
❺生殖のための遺伝子メカニズムを働かせ、必要な物質を胚に運んで母の子宮内に新しい命を宿らせ、育てる

サイキック・パワーはどんなふうに健康に役立つか

あなたの超意識にひそむサイキック・メカニズムは、宇宙空間の電磁波と交信することによって、身体を健康に保つ。科学的研究により、外宇宙から地球に降り注ぐ宇宙線から、私たちの生命が生じることがわかっている。宇宙精神からは、ほかのパワーもひそかに注がれている。

それを使って超意識は健康を完全に維持できるのだ。身体は食べた物を化学物質に分解し、栄養素を必要とする細胞まで、化学物質を血流にのせて運んでいくが、なぜそんなことができるかは誰も知らない。だが脳と身体にひそむ四次元のサイキックな知性が、見えない霊媒となって、誰の助けもなしにこの神秘的で複雑な仕事をやりとげているのだ。

ビタミン、ミネラルなどの栄養素が気になるなら、祖父母や先祖の多くが栄養素について何も知らなかったのにたいへん長生きしたことを思い出してほしい。祖先の脳のサイキック・センターが、身体の栄養と健康に必要な物を食べるよう、知らずに教えてくれていたのだ。

愛——健康を守るサイキック・パワー

貧しい家庭と金持ちの家の子どもを比較した研究から、次のことがわかった。貧しくとも愛があり、子どもが安心できる家庭では、食事が不充分でも子どもの栄養は完全に足りていた。愛に含まれるサイキック・パワーが、身体の化学的なバランスを変化させていたのである。だが、金持ちの家庭で栄養が足りていても、両親が離婚したか、愛や安心感が得られない家庭ならば、子どもは栄養不足になっていた。たとえ最上級の食事を与えられていても。魂がみたされるために必要な愛が欠けていたので、子どもは栄養不足になったのである。

Example　糖尿病の老婦人が、人助けによって回復した

人助けをしようとすることが、身体に新しい生命力とエネルギーを呼びおこす刺激となり、本人の病気が治る例はたいへん多い。年老いて必要とされず、愛されもしないと絶望していた人が、他人の人生をより良くしてあげようとすると、生気が蘇って病気も回復するのだ。

ニューヨークで開いた私のセミナーに参加したある女性が、糖尿病と他の合併症で苦しんでいた。セミナーに参加したとき彼女は七六歳で、医師にはあと半年の命と宣告されていた。だが彼女は人生をコントロールするサイキック・パワーと宇宙のパワーについてセミナーで学び、病気なんかすべて忘れてしまうことにした。子どもはみんな成人して独り立ちしていたので、彼女はボランティア活動に打ち込んだ。脳内のサイキック・パワーの声に「もう年だ、私の人生は終わってしまったと考えて症状ばかりを気にしていないで、何か人のためになることをしなさい」と諭されたからだ。

老婦人は小児病院のボランティアに応募し、週に数時間、母のない子どもの世話をしはじめた。この創造的な仕事で忙しくしているうちに、脳と身体に生命エネルギーが蘇った。本人の話によれば、数週間後にはすっかり症状が消えていたという。以来、彼女は創造的な活動にエネルギッシュに邁進するようになった。ある日、サイキック瞑想の最中に、ファンタジー童話のアイデアが浮かんだ。瞑想の姿勢ですわると、アイデアがひとりでにサイキッ

ク・センターから降りてきたのである。彼女は童話を書き上げ、今度はどうやって出版したらよいか、パワーに答を求めた。パワーの導きにより連絡をとった出版社が、ただちに採用して本を出版してくれた。老婦人は次作も仕上げ、さらに子どもの本を書きつづけるうちに病気は回復し、毎日のインシュリン注射も不要になり、ついにはどこから見ても健康体になった。主治医は奇跡が起きたと驚いた。彼女はいまなお健康で活動的であり、自著のために水彩の挿絵を描きはじめたぐらいだ。

いきいきと健康であるためのサイキック健康法

1 あなたの身体をコントロールする四次元のサイキックな知性に、意識を同調させる。その知性がひそむあなたの超意識に、前向きな暗示を送る。

体細胞に放たれるサイキック・パワーの脈動と、超意識を同調《シンクロ》させるのだ。

毎朝、起きたときに、前向きな暗示を超意識に送りこむ。脳のサイキック・センターは、神経や筋肉を通して暗示を自動的に伝え、あなたが暗示した状態を身体につくりだす。これが科学用語では条件反射と呼ばれるものである。そもそも自然な状態では、サイキック・センターが体細胞の中で健康とバランスを維持している。だから前向きな暗示を送りこむというのは、脳と体細胞にひそむサイキック・エネルギーと生命力を健康、活力、若さへと向けることによって、サイキック・パワーの働きを補うことなのである。

毎朝の目覚めに、次のサイキック暗示を五回はくり返してほしい。

「私は健康で生き生きして強く、ダイナミックなエネルギーを放っている。いま、私の超意識にあるサイキック・センターは、目に見えない宇宙意識のダイナミックな生命潮流に同調している。私は宇宙意識から受け取ったパワーとエネルギーを、脳と身体のすべての細胞にみたしている。

私はいま、健康とエネルギーのサイキック・イメージに心を同調させている。それに反応して身体は、健康とスタミナに必要な化学物質を放出している。

私には、すべての生き物を活気づけるサイキックな生命力が流れ込んでいる。私は生命、エネルギー、成長をうながす力を意識して生きている。

私は体内のすべての化学バランスを維持し、健康を損なう恐れのある細菌を侵入させない防壁をつくることに、内なる生命力を向けている。

私は若く、活力にみちている。脳と身体の細胞は、すべての細胞を再生させて生命とエネルギーをかきたてる、宇宙の生命力に感応している」

2 希望と楽観主義という前向きな力を使って、超意識にひそむサイキック生命力をさらに補う。

希望には、ひとを活気づける前向きな力がある。否定的な感情である恐怖や不安を抱いたときに比べて、希望は細胞内のエネルギーをふやし、細胞の健康を保つ。

毎日、この希望という前向きな感情を持とう。人生の明るい面を見て、暗い面は見ない。ひとは善人ばかりだと考え、悪人だとは思わない。美しいものをさがし、醜いものは見ない。毎日の生活でも希望を持ち、つねに良い結果が出ると信じる。悲観的な予想はしない。これは、考え方の化学である。いつも希望を持つようにしていれば、身体の化学バランスをアルカリ性に保つ生命エネルギーが放出される。だが否定的な感情は、超意識にひそむサイキック生命力を萎縮させ、病原菌の侵入に対する抵抗力を弱め、病気にかからせる。

3 毎日の生活で、幸せという前向きな感情を表現する。そうすれば脳と身体に前向きなサイキック・パワーが放たれる。

幸せな人はたいてい、健康である。幸せな気分には驚くほどの生命エネルギーがあり、身体にそれを放出するので、完全に健康でいられる。科学者が行なったある実験では、被験者のグループに幸せというイメージを与え、いちばん幸せだった体験を思い出すよう指示した。そして体内の化学バランスを調べた結果、エネルギーを与え幸せを感じさせる、糖などの化学物質が体内に放出されたことがわかった。そのため、彼らは生き生きと健康でいられたのである。

その後、同じメンバーに、人生でいちばん不幸な出来事を思い出すように指示し、しばらく否定的な感情にひたらせた後、もういちど化学バランスを確かめた。すると全員の身体で細胞に害を及ぼす分泌物が放出されていた。みんな疲労、倦怠、落ち込み、憂鬱といった状態に陥っていた。

4 毎日の行動で、愛という癒しのエネルギーを放つ。

愛は人間の感情の中でも、もっとも創造的、前向きで、癒し効果がある。毎日の生活でこの愛というエネルギーを出すようにしていると、超意識からサイキック・エネルギーがいつも流れるようになる。

Example 関節炎が治った

ある女性が長年、関節炎を患っていた。カーネギーホールで開いた私のセミナーに彼女は参加し、治療法が見つからないと相談してきた。病気の陰には魂と感情に問題があると感じたので、私は彼女に、身の上を話してもらった。

その話によれば、二五年前、彼女には愛する婚約者がいた。ところが実の妹が、婚約者を奪って結婚してしまった。以来、彼女は妹を憎み、独身のまま怨念にまみれて暮らし、不機嫌で執念深い性格に変わった。

五年ぐらいすると関節炎の症状があらわれ、家事さえできなくなった。それから二〇年間、あらゆる医療と食事療法を試したが、少しも良くならなかった。妹とは二五年間、会うことも話すこともないという。私は、この女性が脳内のサイキック生命センターを封印して生きてきたのだとわかった。生命センターこそが、体内の生命エネルギーの流れと健康をコントロールしているというのに。そこで彼女に、妹を許す手紙を書き、妹のしたことを理解してやり、もういちど妹を愛するようにと説いた。

女性は私のアドバイスを聞き入れ、すぐに妹との交流を再開し、ふたたび愛と理解の絆《きずな》で結ばれた。半年もせずに、関節炎をつくりだしたのと同じパワーが、彼女の体内で強張りを解《と》かしはじめ、手をもっと自由に動かせるようになった。一、二年後には、関節の腫れが跡形もなく消え、痛みもなくなった。

5 人生に目的があると、生命エネルギーとサイキック・エネルギーが流れる。

自分に問いかけてみてほしい。私は何のために生きているのだろうか。そして正直に答えよう。ただお金を稼ぐためか？　それとも人にやさしくして助けるため？　人を幸せにするためだろうか？

超意識からサイキックな生命力とエネルギーが流れ出すのは、じつは価値ある崇高な目的のために生きているときだ。

自分だけ金を儲けたいという利己的な欲望を抱いていると、生命力はそれほど強く気力をかきたててくれない。しかし我が子を教育してやりたい、家族にもっと良い暮らしをさせたい、この世界をもっと良くしたいと思っていると、生命力が意欲をかきたててくれる。

6 脳内のサイキック・パワーが導く声を聞く。その声は健康に良いものと悪いものを教えてくれる。

超意識はとても小さな声で、何を食べて飲んだらよいか、健康を維持するにはどんな思いを抱いていればよいかを教えてくれる。しかしこの内なる導きの声を無視すると、有害な物を飲食して、エネルギーを殺す物質で体を汚染してしまうことになる。

たとえば心の中で、身体に悪いから煙草を吸うなという声が聞こえるはずだ。おおぜいの人が吸っているからといって、喫煙してよい理由にはならない。煙草は有害であると科学的にも認められているのに、人間は以前にもまして喫煙している。喫煙は社会運動家や科学者がもっとも懸念する問題の一つであり、死の原因ともなるのに。しかし脳内で導く声を聞きさえすれば、何を食べ、どんな運動をしたらいいか、正しい呼吸法、休養とエネルギー回復のしかた、健康で長生きする方法がわかる。

Example サイキック警告に従えば、この子は助かった

五歳の少女が食事中に塩を欲しがって、塩の容器から掌いっぱいに塩を出し、あっという間に飲みこんでしまった。両親は驚いてやめさせようとした。娘が身体を壊すのではと恐れたからだ。少女はその後も隙あれば塩を食べようとしたが、両親は娘を見張って塩を与えなかった。二、三週間後、少女はあるタイプの脳腫瘍にかかり、やがて死亡した。悲しみに暮れる両親はその後、娘を殺した初期の腫瘍を融かして病気を治せたのは塩だけだったと知った。少女の潜在意識は、命を助けようとしていたのである。

7 食事と健康については、自分の直観に従う。

脳や体細胞にひそむ超意識が伝える天からの刺激を、どうやったら聞けるだろうか。それは、食事に関して直観が教えてくれることに従えば、まなんでいける。菜食主義者になるか、肉を食べるのか？　ビタミンやミネラルを補うべきか？　風邪、小児まひなどの病気の予防接種をするべきか？

自分の健康と人生にいちばん良いものはなにか、それを最終的に決められるのはあなただけである。

食事については、自分の直観に従えば間違いない。超意識が、ある食べ物がむしょうに欲しくなるように仕向けて、いまどんな化学物質が必要であるかを細胞に教えてくれるからだ。身体に必要な食物をとるよう、直観を使って導いてくれるのだ。

科学研究によれば、子どもには嫌いな食べ物を、ほうれん草でもパンでも、無理に食べさせないほうがよいそうだ。子どもが牛乳を嫌がる日がつづいても、無理に飲ませてはいけない。子どもは直観により、身体に牛乳が必要になったら飲みはじめるからだ。

一〇個の食べ物を見せられると、子どもはそのとき身体が必要としている物を本能的にえらぶ。バナナをむやみに欲しがった六歳の少年がいた。少年は数日間、バナナしか食べようとしなかった。両親が必死になっても、ほかの物をどうしても食べさせられなかった。だが数日たつと、少年はほかの食べ物を欲しがるようになった。バナナの大食いは終わり、超意識が少年の体細胞に、こんどはほかの物を食べなさいとメッセージを送ったのだ。

8 人生において、生命力をかきたてるような高い理想と創造性をひめた目的をもつ。

米国の有名な画家、グランマ・モーゼスは、七五歳のときには虚弱で病気がちであり、長くは生きられないだろうと思われていた。だがグランマは、この世に美しいものをもたらしたいという欲望を抱き、脳と身体に貯えたサイキック・エネルギーを解き放った。そして絵を描きはじめると、生きたい、健康になりたいという意志が燃え上がった。結局、一〇〇歳を超えて長生きし、描いた絵は高く売れた。

英国生まれの政治家セシル・ローズは、アフリカに渡って結核で死にかけたが、ダイヤモンド鉱山を発見して生きる意志が再燃し、儲けたお金で何か良いことをしたいという欲望も目覚めた。やがて病は癒え、ローズ奨学金を創設し、その後は健康に生きて天寿をまっとうした。

社会運動家であり、シカゴに福祉施設ハルハウスを設立したジェイン・アダムズは、病気で余命半年と宣告され、子どものための慈善事業をはじめた。自宅を子どものセンターとして開放し、人助けのために創造的なサイキック・パワーを発揮して忙しく暮らした。すると生命力がふたたび流れ出し、八〇歳を超えるまで生きることができた。

生きたい、何者かでありたい、何かをしたい、創造したい、愛したい、という意志こそが、脳と体細胞に貯えられた生命力を解き放つためのサイキックな鍵なのである。

第1章のサマリー

1 脳内には強力なサイキック・パワーが宿っており、それを使うと健康、エネルギー、力が得られる。
2 宇宙意識のサイキックな声がどうやって体細胞に語りかけ、生命エネルギーを与えるか。
3 ある男性が、生きて健康であれ、というサイキック暗示によって死の淵から蘇った。
4 いつでも身体を健康に保ってうまく働かせる、五つのサイキック・メカニズム。
5 愛こそ、健康を司る宇宙のリズムに心と体を同調させるサイキック・パワーである。
6 重病の女性が、人助けをしたいという意欲によって癒され、幸福と新しい人生を得た。
7 活力に満ちた健康と長寿を得るためのサイキック養生法。
8 希望や楽観主義などの前向きな感情は、脳と身体のサイキック・エネルギーを刺激し、健康に導く。
9 ある女性の関節炎が、二五年も憎んできた妹を許すことによって治癒した。
10 両親がサイキック・パワーの導きを無視したので、五歳の娘が脳腫瘍で亡くなった。

第2章

人生をコントロールするサイキック・パワーとアクセスするには

サイキック・パワーとはなにか？

サイキック・パワー、それは人間の超意識にひそみ、宇宙精神からなんらかの感触や警告を受け取る力、直観を通して導かれる力だ。

サイキック・パワーは虫の知らせや透視夢など、さまざまな形であらわれる。自分や愛する人の危険を、透視夢に警告されるのはよくあることだ。

人生をコントロールするこのパワーとつながれば、正しい運命へと道案内してもらえる。ほかの人の秘密を知ることもできる。

だれと結婚したらいいか、問題をどう克服するか、才能をどうやって開花させるか、一〇〇万ドル儲けるにはどうしたらいいか、といったことを教えてもらえる。

いちどアクセスできるようになれば、二四時間いつでもこの力を使えるようになる。

宇宙には、宇宙精神《コスミック・インテリジェンス》という深くて広い海がある。人間は導きを求めて、この英知の海とつながることができる。宇宙精神は、時空を超えて永遠に脈動をつづけ、その波長をすべての創造物に送りつづけている。

こうした宇宙精神に、超意識にあるサイキック・センターの波長を合わせれば、サイキック・パワーが流れ込む。パワーは身体、環境、まわりの人にも及び、宇宙精神が書いた設計図どおりにあなたの人生をつくり、正しい運命へと導いてくれる。

サイキック現象の法則を使えば、ほかの人の心と自由に交信できる。宇宙精神は、すべての人間を宇宙と結びつけている。宇宙には、すべての細胞をつなぐ巨大ネットワーク・システムがあるのだ。

テレビやラジオが音や映像の波長を受信するように、脳内のサイキック・センターも、正しく波長を合わせれば宇宙精神と交信し、直観や導きを受け取ることができる。

宇宙から不思議な声がささやきかける

超意識は、宇宙からささやきかける不思議な声を聞いている。人間の精神は、意識、意志、知性だけでなりたっているのではない。人間の精神には、通常の顕在意識を超えた、四次元の超意識も宿っている。超意識を通じて、人生の目的達成に必要な知識や力をすべて、手に入れることができる。

人間には生まれつき、創造的なサイキック・パワーが備わっている。この力を使って、思い通りの人生を演出できる。宇宙の記憶庫にアクセスして宇宙の知性に導いてもらえば、望みどおりの将来を築いていけるのだ。

宇宙には、すべての創造物の働きを決める法則がある。あなたの精神には、人生をフルに生き抜くために必要な知識、力、知性が、あらかじめ組み込まれている。それは宇宙精神がくれたものだ。

あなたの精神を宇宙精神と融合させると、強力な回路ができる。その回路から流れ込んでくる宇宙の直観を使って、あなたはこの世で驚くべき成果を上げられるのだ。

あなたの魂のいちばん静かな場所には、サイキック・パワーが宿っている。そこでは、なにをやるにしても手本を見つけることができる。顕在意識を眠らせれば、サイキック・パワーの導き、指示、警告を受け取ることができる。

Example　炎で書かれた文字が、危険を警告した

直観ゆたかでサイキック・パワーに恵まれた女性が、夫の親戚を訪ねようと、夫婦でヨーロッパ旅行を計画していた。そんなある日、妻が居間で静かに瞑想していると、突然、壁に炎の文字があらわれた。

「危ない！　旅には出るな」という文字だ。

妻は夫にこのサイキック・メッセージの話をして、旅を中止してほしいと頼んだ。しかし夫は、危ないはずがないじゃないかと一蹴《いっしゅう》し、「旅行はやめない。親戚にはもう何年も会っていないのだから」と言い張った。妻の反対を抑えて、二人はイギリスへ向かった。旅先で妻は事故にあい、両足マヒの後遺症が残ることになった。

炎の文字の警告に従っていたら、妻は事故にはあわなかっただろう。

サイキック・パワーを使えるようになるには

これからお話しする宇宙の法則を学べば、すぐにもサイキック・パワーを使いはじめられるようになる。

光の波が物理学の法則に従っているように、サイキック・パワーや直観は、宇宙の法則に従っている。宇宙の法則は、重力や電気の法則と同じく、確立された法則である。

サイキック現象を科学的に検証しようとする学問分野もある。ＥＳＰ（超感覚知覚）を扱う分野である。

視覚、聴覚、嗅覚、触覚、味覚の五感によって得た感覚が、通常の知覚である。五感は、身体と脳に張り巡らされた感覚である。

サイキック・パワーは、五感以外のものから受け取る知覚だ。通常の知覚を超えたものであることから、超感覚とよばれている。超感覚には、「直観」「虫の知らせ」「予感」「ヴィジョン」「サイキック・ドリーム」「予知」「透視」「透聴」「テレパシー」「アストラル投射」「サイコメトリー（精神測定現象）」などがある。

こうした超感覚知覚を研究する学問が超心理学だ。

通常の心理学では、人間や動物の行動の意味を問う研究が進み、多くの成果が上がっている。それに対して超心理学は四次元の世界を対象とし、心理学の境界を越えて、神秘の領域に入り込む。四次元の世界では、精神とは脳の科学的な働きを超えた存在なのである。

目に見えない四次元の世界ともアクセスできる

人間には、四次元の世界にアクセスする力が備わっている。四次元の世界には、ありとあらゆるパワーや知性が存在している。アクセスするには、脳のサイキックな領域に入り込み、人間の知りうる最高の概念について瞑想するとよい。それから宇宙精神と自分の精神とをつなぎ、サイキック映像、テレパシー、思念波、直観などを受け取る。いつの世も、偉大な天才はこうして宇宙の知恵を手に入れてきたのだ。

Example　サイキック警告を受けた母親

母親とは、霊的にも感情的にも我が子にもっとも近い存在である。そのため、子どもや家族に関わるサイキックな刺激を受けやすい。

生後五ヵ月の息子を持つある母親は、それまでサイキックな経験がまったくなかった。ある日、母親は息子をベビーシッターに預けて、婦人クラブの集会に出かけた。一時間ほどたったころ、母親は、息子になにか良くないことが起きているような胸騒ぎを覚えた。だが、気のせいだと打ち消した。ベビーシッターがついており、なにかあったら電話をくれる手はずになっていたからだ。しかし、不安を心から追い払おうとしても、どうしてもできない。

とうとう、息が詰まるような感じがして、それ以上、不安を抑えられなくなり、急いで自宅に電話した。ところが電話に誰も出ない。

気が動転した母親は、自宅に飛んで帰った。運良く、自宅はクラブのすぐ近くだった。ベビーシッターは家には居なかった。母親が子ども部屋に駆け込むと、息子にシーツがからまって、窒息しかけていた。この母親がサイキック警告を無視していたら、赤ちゃんは死んでいただろう。その後、ベビーシッターは、仕事に飽きて散歩に出かけていたとわかった。

テレパシーとはなにか

テレパシー（telepathy）とは、遠く離れた人と、心と心でメッセージをやり取りする力のことである。Teleとは「遠距離通信」、pathyは二人の間に流れる「感情」のことだ。危険が迫ったときなどに、人間の精神や魂は、霊的なエネルギーをなんとかして伝えることができる。それはちょうど放射線のように伝わる。相手の心の敏感な部分に霊的なエネルギーを伝え、危険を知らせるのだ。

多くの兵士の母親が、息子が戦死するというサイキック・ヴィジョンや虫の知らせを体験している。息子がまさに亡くなる瞬間に体験するのだ。ある母親には、南太平洋で戦っている息子がいた。ある夜、母親は、なんとも不吉な夢を見て目覚めた。息子が海上で撃たれる夢だった。二、三日して母親は、当時の戦争省（現国防総省）から通知を受け取り、息子の乗った戦闘機が敵機に撃墜されたと知った。のちにそれは、母親が恐ろしいサイキック・ドリームを見たまさにその瞬間だったとわかった。

Example　サイキック予知で夫の危険を知らされた妻

ある女性が電話のベルの音を聞いて、胸がぎゅっと締めつけられるのを感じた。夫になにかあったに違いない。電話に出ると、相手は「ご主人がトラックと車の衝突事故で負傷し、病院に運ばれました。すぐに来てください」と告げ、病院の名前を知らせた。女性は病院の救急病棟に駆けつけ、夫の乗った車が一〇トントラックと衝突し、胸部に重傷を負ったことを知ったのだった。

サイキック現象を起こすパワーとアクセスする方法

1 一人で静かに瞑想し、顕在意識からすべての思考を消す。瞑想中は誰にも邪魔されないようにする。

2 自分にくり返しいい聞かせる。「心が安らいでいる。静かだ……静かだ……静かだ……」。心が凪《な》いだ湖になったイメージを思い浮かべる。湖面には、さざなみ一つ立っていない。静まり返った心の湖には、宇宙の記憶庫にひそむ知性が映し出される。その知性は、あらゆる秘密を知っており、見えない波長ですべての人間を結びつけている。

3 宇宙から、思考やメッセージを受け取る準備をする。まず「サイキック夢遊状態」になる。眠りに落ちようとするときの感じだ。意識は眠りたがっているが、精神の一部は完全に目覚めている。この目覚めた部分を、私は「魂のミラースコープ」と呼んでいる。宇宙の記録庫にある情報、映像、メッセージを映し出す鏡だからである。

4 心に思考や映像が浮かぶままにしておく。すると宇宙からの印象が映像、思考、象徴となって、つぎつぎに届く。超意識から思考が流れるようにやって来て、言葉、文、名前、日付や場所のイメージを残していくこともある。サイキック・メッセージを受け取るのは、とくに必要な事柄、感情、深い関心などを心に保ちつづけている場合が多い。イメージは、感情となってやって来ることもある。たとえば、知人が危険な目にあいそうな感じ、心の鏡に映った幸せな思い出に喜びが蘇る感じ、出会ったばかりの人に用心せよという警告などだ。ほかに創作・作曲・発明などでお金を儲けるアイデアもやって来る。

5 意識に浮かぶイメージを覚えておく。しかしイメージの操作はしない。心の中の鋭敏な場所に、映画の画面のように映し出されるままにしておく。

6 サイキック夢遊状態のときになにか知りたいことがあるなら、心の中で、宇宙意識に静かに尋ねる。たとえば「計画中のヨーロッパ旅行に行ってもいいですか?」。事業に関する質問でもよい。「フランクと共同事業を起こしても大丈夫ですか?」。恋愛問題なら「メアリはほんとうに僕を愛していますか。メアリと結婚したほうがいいでしょうか?」

7 質問したら、心を空っぽにして答が来るのを待つ。答がイメージとしてやって来ることもある。そうしたイメージは、自分の意識がつくりだしたような気がするかもしれない。だが、サイキック夢遊状態に入るとき、意識や意志の働きは一時ストップしてある。いまは半覚醒でなかば夢を見ているような状態だ。超意識が答を送ってくれたと考えたほうがよい。そして受け取った答は、たいていい正しい。

超意識を信じることを恐れないように。超意識のパワーを毎日、訓練して使っていると自信が湧き、顕在意識をあまり使わなくなってくる。答は、はっきりとした言葉として訪れることもある。たとえば「だめ。ヨーロッパ旅行に出かけてはいけない。危険やトラブルに巻き込まれる。いまは行かないほうがいい」、「フランクと共同事業をはじめなさい。フランクは正直で信頼に足る人物だ。二人で金儲けができる」、「いまは結婚するときではない。メアリよりもっと誠実な女性に出会える。その女性との出会いを待て」

8宇宙からの答を受け取り、サイキック夢遊状態から覚めたら、サイキック・イメージを日付とともに書き留めておく。あとで結果をチェックできる。

9超意識にひそむ知性から、もっと具体的な答をもらいたかったら、前もって明確に質問や願いごとを書いてからサイキック瞑想に入る。そして意識を完全に鎮めて心を鏡のようにして、心に浮かぶイメージを書き留める。答は超意識から意識の流れとしてやって来ることもある。その場合は、「私」という言葉が「あなた」に変わっている。自分を励ますために顕在意識がいった言葉か、超意識からの言葉か、慎重に見分けなくてはならない。顕在意識は、あなたが望んでいるとおりのことを言葉にしがちだ。しかし超意識は、自分の好みや欲望とは違うメッセージをしばしば送ってくる。

10最初は一時間以上、瞑想しないこと。長くつづけすぎると、かえって心が落ち着かなくなってふらふらさまよいだすからだ。上手にできるようになったら、二時間以上つづけてもよい。心に害を及ぼすことはなくなる。多くの作家、画家、アーティスト、発明家、科学者が、一度に何時間もつづけても疲れを知らずに瞑想できるようになっている。瞑想をすればエネルギーが貯えられ、顕在意識にインスピレーションと創造力が流れ込み、心身に新たな力がみなぎってくる。

第2章のサマリー

1 宇宙意識にアクセスして、必要な願いをなんでも叶える方法。
2 宇宙の記録庫にはあらゆる秘密が貯えられている。
3 サイキック・パワーの静かな声が人間にささやきかけている。
4 宇宙では目に見えない力が奇跡を起こしている。
5 宇宙のすべての生き物をつくりだした宇宙精神の波長にアクセスする方法。
6 サイキック設計図を使えば、創造力が高められる。
7 人間の運命をつくる宇宙精神に意識を融合する方法。
8 サイキック警告に耳を傾けていたら、事故にあわずにすんだ女性の話。
9 超感覚（第六感）も、五感と同じように磨ける。
10 目に見えない世界にアクセスして、宇宙の知性とダイナミックなパワーに触れる。
11 子どもが危ないというサイキック警告を信じて、我が子の命を救った母親の話。
12 テレパシーを使ってメッセージをやり取りする方法。
13 サイキック現象の起きる世界にアクセスする方法。超意識の驚くべきパワーを活用できるようになる。

第3章

サイキック・テレパシーで交信するには

あなたにはまるで電気通信のように、他人にメッセージを直接、伝える力がある。

また、ほかの人の思念に波長を合わせて、メッセージを受け取ることもできる。周囲に漂うサイキックな声も聞ける。

過去の時代に生き、いまは別の次元へと旅立った人の霊気とも交信できる。

こうした力がテレパシーである。

サイキック現象はすべて、宇宙のバイブレーション（霊気）や波長をコントロールする法則に基づいて起こっている。この法則により、サイキック・テレパシーで他人と交信できるのだ。

物質の世界では五感を使って知覚し、物の色、形、感触を知ることができる。だが五感のほかに、超意識には第六感というものがある。第六感は、時空を超えて行き来しているサイキックな刺激を、電磁気のようなバイブレーションとしてとらえるのである。

光は一秒間に約三万キロの速さで進む。電気はもっと速く伝わる。思念波は電気のような性質を持っているので、秒速何十億キロもの速さで進み、光よりも早く地球を一周できる。

心は交信ステーション

心は無線通信機のように、思いを伝えたい相手と思考をやり取りできる。そのうえ、自分に向けられていない考えにも波長を合わせられる。そうした考えは思念波となって、電気インパルスのようにあたりを漂っている。多くの人が、同じ思念波から発明、作詞作曲、小説や脚本のアイデアをつかんでいる。別の人が別の場所で、同じ思念波に波長を合わせてアイデアを受け取っているのだ。

ラジオやテレビの電波送信局が電気インパルスによって音声や映像を送信するように、人間の魂も、ほかの人と思念波をやり取りするには、精神的（そして電気的）インパルスを使う。ある番組を見るためにチャンネルに合わせるように、超意識も、思考の流れ、思念波、感情インパルスに波長を合わせられるのだ。サイキック・シンボルにも波長を合わせ、その意味を自分で解釈することができる。

精神テレパシーとは?

精神的インパルスやサイキック・インパルスを送受信するには、二つのやり方がある。精神テレパシーとサイキック・テレパシーだ。精神テレパシーは、思考やメッセージを具体的な言葉にして送受信する。たとえば「ジョン、電話して。たいへんなの。すぐに電話ちょうだい。

緊急事態なのよ」。こうした言葉を何度もくり返すうちに、感情エネルギーが高まって、めざす相手に届く。相手はなんとなく落ち着かない気分になって、理由はわからないが自宅に電話しなければ、という気持になるのだ。

こうした精神テレパシーの働いた例として、子どもが重い病気になった母親の話がある。セールスの仕事で出張している夫と、母親はなんとか連絡を取ろうとした。二〇分ほど、母親は静かに座って夫の名を何回かよび、心の中でこうくり返した。「フィル、すぐに電話して。ジナが重い病気なの。たいへんなのよ。電話して、フィル。すぐに電話ちょうだい」

二時間もしないうちに自宅の電話が鳴った。夫からだ。「変に胸騒ぎがして電話したんだ。なにか起きたんじゃないか?」。娘が病気になったと知らされ、夫はすぐに飛行機で帰宅した。

こうした精神テレパシーが働いて、なにかをした方がいいと警告を受けた話を、誰もが見聞きしているはずだ。テレパシーが相手の心にすぐには届かない例も多い。たとえば相手がなにかに気を取られていたり、意識が活発に働いていたりして、テレパシーを受け取れる状態にないときだ。受け取る準備ができていなければ、サイキック・メッセージは受信できない。そのため、メッセージがすぐには届かない場合が多い。メッセージを受け取るのは、夢想や白日夢にふけっているとき、眠たいときなどが最適だ。眠っている間も、超意識はほかの人からのテレパシーを受け取って解釈し、それを夢として映し出すことがある。ときには、これから起こることの予言を知らされる。磁力のように引き合うという宇宙の法則を使って、私たちの心に宿る波長を、ほかの人の波長と交信させている場合もある。

サイキック・テレパシーは思念波を伝える

精神テレパシーは具体的な言葉を伝えるが、サイキック・テレパシーは思念波やシンボルを送る。じつは言葉とは、私たちがほんとうに表現したいと思うものに、感情という衣を着せたものである。たとえば「お金」という言葉は、実際には快適さ、家、車、財物、安全などの価値あるものを表している。そこで具体的な文字やメッセージのかわりに、しばしばシンボルを受信することになる。受け取ったサイキック・シンボルを正しく読み取ることが大切だ。結婚指輪ならたいてい結婚のシンボルだが、愛のシンボルのときもある。船、列車、航空機なら旅のシンボルだ。メッセージが言葉でなくシンボルとして届く場合はたいへん多い。シンボルは夢で見る例がいちばん多いが、なにも考えずにぼうっとしているときに、心の画面に鮮やかにひらめくこともある。

Example　バラはなにを象徴しているか？

ある男性が、きれいな赤いバラの花束を女性にプレゼントする夢を見た。顔はわからなかったが、男性はその女性に強く惹《ひ》かれ、顔が見えなかったことをとても残念に思った。二、三週間して、ある会合で、男性はローズという名の女性に紹介された。男性は一目でローズに磁石のように引きつけられた。数週間後、プロポーズをしたときに、男性はローズこそが夢で見た赤いバラの女性だったとわかった。

Example　船が象徴するもの

もう一つ、サイキック・テレパシーが未来を予言した例がある。ある女性が〈クイーン・メアリ〉号のような豪華客船に乗ってヨーロッパに向かう夢をよく見ていた。本人はとくに旅行したいとは思っていなかったのだが、四カ月後、飛行機でロンドンに行くチャンスが巡って来た。そこで女性は、船の出てくる夢は近い未来の旅を知らせる予言だったと気づいたのだ。

ほかの人にサイキック・メッセージを送る方法

まず精神テレパシーやサイキック・テレパシーを送る相手をえらぶ。メッセージは具体的な言葉、感情、サイキック・シンボルなどにして相手に伝える。

1 神秘的な言葉をくり返して、心を静める。チベット仏教の真言「オーム・マデ・パドメ・

オーム」や、聖書の言葉「心を平和に静めて、私が神であるとわかりなさい」、聖書の詩篇二三などがよい。心が静まったら、テレパシーを使ってサイキック・メッセージを送る準備は完了だ。

2 一〇回から一五回、深呼吸して、電気的なパワーをつくりだす。これはメッセージを送るのに必要な力である。人間の精神は電気的な性質を帯びているので、電気と同じ法則のもとで働くようになっている。テレパシーを送れる状態になるには、大量のパワーを生み出さなければならない。

3 目を閉じて、夢を見ているような半覚醒状態に入る。意識は静まりかえっているはずだ。このとき、なにも心配しないこと。心配は、これからつくりだそうとするサイキック波動の邪魔になるからだ。

4 メッセージを伝える相手をえらぶ。写真をじっくり見てから瞑想に入るなどして、相手の顔をありありと思い浮かべる。

5 送りたい思いを感情に変える。助けたい相手なら、深い愛を呼び起こし、相手を助けようとしているという思いをかきたてる。

Example　感情が伝わった例

G夫人には大酒飲みの夫がいた。飲みすぎをたしなめると、夫は怒りだす。そこで夫人はサイキック・テレパシーを使って夫の超意識に訴えることにした。飲酒と、有り金をギャンブルにつぎこむのをやめさせたかったのだ。夫人は毎日三〇分ずつ瞑想し、夫の顔を思い浮かべた。それから深呼吸して夫の名を何度もとなえ、心をサイキック交信できる状態にした。「ジョン、私の声が聞こえるでしょう？　二人の愛と子どものために、あなたは変われる。お酒とギャンブルをやめられるわ。酒とギャンブルがあなたの人生を駄目にしているとわかるはずよ。ジョン、愛しています。新婚時代のように、あなたにも私を愛してほしいの」

G夫人はこのサイキック・セッションを数週間つづけた。そして小言はいわず、夫をもっと愛し、愛と許しの波長を送った。夫はすぐに妻の変わりように気づいた。「いったいどうしたんだ？　このごろガミガミいわなくなったじゃないか」。夫人はサイキック・テレパシーを送りつづけた。三週間もしないうちに、夫は前よりもずっと家に居るようになり、酒量も減った。妻に要求がましくガミガミいわれるから、夫は反抗して仕返しをしていたのだ。妻の態度が変わると、夫のサイキック・センターも愛と優しさの波長に合わせて働きはじめ、破壊的な習慣をつづけられなくなった。まもなく夫は酒とギャンブルをやめ、知らず知らず、妻からのサイキック・テレパシーに従う姿勢を見せはじめた。

6 サイキック・イメージを具体的な言葉で送る練習をする。思念波やシンボルを送る練習をするには、思いや思念波に意識を集中する。シンボルは、自動車、家、家具、TVセット、ピアノ、宝石、毛皮のコートなどだ。

7 雑誌の切り抜き写真をもとに思念波をつくって送ることもできる。どんなものでも、送りたいと思ったらサイキック・イメージとして送り出せる。送り出したサイキック・イメージは磁気化され、あなたの望みを叶えてくれる人びとに張りつく。

Example 家のサイキック・イメージを送った女性

ニューヨークのセミナーに参加したある女性が、サイキック・イメージを自分でも送ってみた。郊外に買いたい家の写真を雑誌から切り抜き、毎日、集中的に思念波をつくって外界に送ったのである。夢の家を手に入れる望みを誰が叶えてくれるのかはわからなかった。だが、いつかきっと夢は叶うと信じていた。ある日、女性は仕事で町に出て、宝くじの広告を見た。一枚、買ってみようとサイキックな勘が働き、生まれて初めて宝くじを買った。そして五万ドルを引き当てた。家を買う夢は、思いもよらない経路で叶ったのだ。

まだまだある、サイキック・イメージの成功例

結婚したい相手の画像を外界に送ることもできる。理想の相手の条件を思い浮かべると、その思念波は、ぴったりの相手の心に入り込み、磁石のように相手を引き寄せてくれる。

身近な人に良い方に変わってほしいときにも思念波を使う。ある母親に、喫煙する一六歳の息子がいた。母親は毎日のサイキック・セッションで、息子の心に呼びかけつづけた。「ビル、あなたは煙草をやめられる。煙草は健康に悪いのよ。だんだん煙草がまずくなってきて、この悪い習慣がやめられるようになるわ。あなたには、健康でたくましい男性になってほしい。煙草はすぐにやめられるわ」

母親の話では、二、三週間もしないうちに、息子は前ほど煙草を吸いたがらなくなった。そしてある日の食後、息子は吸わずに煙草を握りつぶした。「どうしてかな、煙草がまずいんだ。もう煙草は吸わないよ、母さん」。以来、息子は一本も煙草を吸っていない。

テレパシー催眠の秘訣

テレパシー催眠を使って、ほかの人を思いどおりに動かすこともできる。催眠術師が暗示を与えて従わせるように、あなたも相手の超意識に思念波、言葉、メッセージを送って、サイキック暗示を刻み込むことができる。だが否定的、破壊的で不道徳な暗示を送っても、相手のサ

イキック・センターは自動的に暗示を拒絶する。

テレパシー催眠の4つのステップ

1 テレパシー催眠は、親近感を抱いている相手にだけ通用する。夫、妻、父母や親しい親戚などだ。そうした人とはすでにサイキック波長が合っているので、テレパシー催眠が効く。しかし憎い相手や傷つけたい相手には、通用しない。前向きで価値ある目的を達成させてやりたい、と心から思わなければ効かない。サイキックな波動は、霊的なインパルスや魂のインパルスと同じ領域にあるものだからだ。善意があれば、奇跡は起きる。愛や、人を助けたいという気持ちがあっても同じだ。

2 催眠セッションでは、心の目に相手の顔を浮かべつづける。そして自分と相手の額を、神秘的な金色の糸がつないでいるイメージを思い浮かべる。あなたが送った前向きな暗示は、金色の糸をたどって相手のサイキック・センターに運ばれていく。暗示を送りながら何回か深呼吸し、息を吐き、金色の糸を相手に向かって伸ばし、メッセージの言葉を送る。息を吐き、自信に満ちた口ぶりで、はっきりと暗示の言葉を口にしよう。

3 前向きで自信に満ちた言葉を使う

例：「ジョン、私の言葉を聞いてそのとおりにして。ギャンブルと浪費の癖をなおしてほしいの。無駄遣いはやめて、お金をためられるようになるわ。あなたを愛しているし、私たちの結婚を駄目にしたくない。どうかすぐに、私のいうとおりにして」

4 暗示の言葉は何度もくり返す。少なくとも一〇回から二〇回は必要だ。相手に話しかけるような調子で口に出そう。声に出せない場合は、心の中でささやいてもよい。思考は電気のような性質を持っているので、空中を伝わって磁石のように相手に引き寄せられていくからだ。

Example 催眠テレパシーで不倫をやめさせた

ある女性が、夫が不倫していることに気づいた。女性は、夫に怒りをぶちまけてやろうかと思った。だが彼女はサイキック現象に詳しく、宇宙精神や超意識の秘密の力についてよく知っていた。そこで、夫の超意識に語りかけるセッションをはじめた。不倫はやめるように諭し、あなたを深く愛していると告げ、不倫相手とはもう会わなくなるという暗示を送ったのだ。

暗示を送りはじめてから三週間後のある夜、彼女はベッドで夫に寄り添っていた。夫は深い呼吸をしており、もう眠っているようにみえた。すると突然、夫が話しだした。トランス状態にいるみたいな声でした、とのちに彼女は教えてくれた。夫はそのとき不倫のすべてを告白し、こう締めくくった。「きみを傷つけてほんとうに済まなかった。いまでもきみを、きみだけを愛している。もうあの女とは会わない」。夫はその約束を守り通した。そして二人は、前よりも幸せな夫婦となった。

ほかの人からテレパシーを受け取るには

テレパシーを受け取る脳のサイキック・センターは、映画のカメラと映写機のようなものである。他人の心の思念波やメッセージを撮影し、あなたの思念波やサイキック・インパルスを相手の心に向けて映写するのだ。

思念波やメッセージを受け取るときも、送信と同じ法則が使える。まず、相手の心にあなたの心を同調させる。相手に集中し、他の人や物に気を散らしてはいけない。

サイキック受信のルール

1 メッセージを送るときと同じように、まず心を静める。「心を平和に静めて、私が神であるとわかりなさい」とくり返しつぶやくのだ。目をかるく閉じて座り、できるだけリラックスする。身体や心が少しでも緊張していれば、サイキック・インパルスを受け取る妨げになる。半ば眠っているみたいに、ぼうっと夢心地であると感じること。

2 送るときと同じように深呼吸して、サイキック・インパルスを受け取るパワーをつくり出す。超意識のサイキック・センターは、メッセージを送るのに電気的な力を使う。インパルスを受け取るときにも電気的な力を用いる。横隔膜を使った腹式呼吸をしよう。四つ数えながら息を吸い、息を止めて四つ数え、四つ数えながら息を吐く。

3 穏やかな音楽を流して、心を明るく安らかにする。電灯の光がまぶしければ、ろうそくをともす。香をたくか香料を使って、リラックスできる心地良い香りを漂わせ、超意識の受信センターの扉が開きやすいようにする（教会でキャンドルをともしたり、香をたいたりするのは、超意識の霊的なセンターやサイキック・センターを厳しい現実世界の束縛から解放するのに役立つからだ）。

4 相手の波長に、自分の波長を合わせる。相手の顔を、心の目ではっきり見る。何回か、相手の名を呼ぼう。そして面と向かっているつもりで相手に質問したり話しかけたりする。はっきりした答を求める質問でもよい。たとえば「新しいベンチャー事業に協力してくれますか」「お金を前借りさせてもらえませんか」「ほんとうに私のことを愛しているの？」。質問したら、静かに座ってサイキック・インパルスの訪れを待つ。相手の考えや、質問にたいする明快な答が返ってくるのは、相手と同じ波長であなたの思念波を振動させて流しているからだ。

5 相手の顔を思い浮かべていると、あなたの心に相手についてのいろいろな考えが流れ込んでくる。自分が想像したものと、相手の本心との区別をつけるにはどうしたらいいだろうか。サイキック送受信が上達して、真偽を見分けられるようになるには、かなりの練習が必要だ。練習を重ねるうち、相手の思念波に正しく同調できたときには、脳内のサイキック判定装置が、いまテレパシー送受信できていると教えてくれるようになる。

Example サイキック・パワーで家族が仲直りした

マーサ・Mは、カーネギーホールでのセミナーの参加者である。マーサは一〇年以上も父親とは疎遠になっていた。父の認めない男と結婚したからである。そして夫は、マーサと赤ちゃんを捨てて逃げた。そんなマーサに、父親は裕福だったのに、おまえを遺産相続人からはずして全財産をマーサの弟にやると書いて寄こした。

ある日、私の指導に従って毎日のサイキック瞑想をしていたマーサは突然、父親の顔のヴィジョンを見た。青白い顔をしてやせ細り、重い病気のようだった。お父さんは入院している、とマーサは感づいた。父親に手紙を書け、というサイキック・インパルスも受け取った。

親子の間に誤解があるのは悲しいけれど、いまでもお父さんをとても愛しているし、もういちど会えるようになりたい、という手紙だ。

娘からの手紙を受け取った父親は、愛のこもった手紙に心を打たれ、おまえを許すし、お父さんも許してほしいと返事を書いた。父親は、マーサがヴィジョンで見たとおりに重病で入院していた。医師によれば、余命は短いとのことだった。

翌日、マーサは飛行機で西海岸に飛んで父親を見舞い、二人は完全に仲直りした。二、三週間後に父親は亡くなったが、生前に遺言を書き換え、マーサには一〇〇万ドル以上の遺産がのこされた。

6 宇宙の記憶庫に、具体的な質問をしよう。宇宙の記憶庫には、膨大なサイキック・インパルスや思考が貯えられており、そこからアイデアや思考を引き出して、発明、創作、作曲、化学製品製法、それにベンチャー事業や株式投資の情報として役立てることができる。

Example テレパシーで投資情報を得た

ニューヨークのセミナーには、テレパシーを使って株式投資の情報を得ているメンバーが数名いる。ある男性は、投資に関する情報を求めていたのだが、サイキック・セッションで、鳴り響くベルのシンボルをつづけて受け取った。最初はベル電話会社のことかと考えた。だが株式相場表を見ているうちに、パッカード・ベル社が九ドルの株価をつけているのに気づいた。その瞬間、これこそ捜していた株だとピンと来た。サイキック判別装置がすかさず合図を送ってきたからだ。男性は千株を買った。数ヵ月、寝かせておくと、株価は四〇ドル以上に値上がりした。株を売って男性は数万ドルも儲けた。

7 サイキック・セッションで、具体的な思考やメッセージがやって来ないときもある。そうしたときに浮かぶ漠然としたアイデア、シンボル、映像は、無意味に見えるかもしれないが、注意深く調べてみよう。株で儲けた男性も、鳴り響くベルのシンボルを受け取ったときにそうしたのだ。曖昧《あいまい》なイメージを受け取ったら、書き留めておこう。あなたの現在や将来に重要な意味を持つアイデアのきざしかもしれないからだ。

8 こうしたサイキック・メッセージやテレパシー、思考は、透視夢として訪れることも多い。透視夢を見たら、目覚めてから夢を書き留めておく。将来、かかわりのあることが起こったときに、その夢を役立てることができる。

Example　ピーターは透視夢を疑って万馬券を逃した

ハリウッドに住む若者、ピーター・Bは透視夢を見て、起業の資金を得ることができた。ピーターは二晩つづけて、サンタ・アニタ競馬場で二つのレースの勝馬を同時に当てる二重勝式馬券を買い、二つのレースとも馬番一番の馬が一着に入る夢を見た。ピーターはギャンブルはやらなかったが、あまりにも鮮やかな夢だったので、翌日、馬券を一〇〇ドル買うことに決めた。

窓口へ行き、一〇〇ドル札を出して馬券を買おうとしたとき、ピーターの顕在意識が口をはさんだ。「ばかなことをするな。ただの夢じゃないか」。ピーターは予定を変え、二〇ドル分の馬券を買った。もちろん、ピーターのサイキック・ドリームは正夢で、ピーターは三五〇〇ドル儲けた。だがサイキック・インパルスを信じて一〇〇ドル買っていたら、もっと大穴を当てていたのだ。

9 前もって書いておいた質問を、サイキック送受信のセッションで使う。質問を心に抱いておき、それに関する情報をできるだけ受け取るようにする。たとえば――

フロリダに引っ越すべきか？

支払いに必要な一〇〇〇ドルをどうやって稼ぐか？

この女性と結婚すべきか。それともほかの出会いを待つべきか？
この男を信用して取引してもよいか？
この健康問題をどうしたらよいか？
いま、家を買うべきか。それとも待ったほうがよいか？
この問題をどう解決したらよいか？

こうした質問を心に留めるが、心は受身の状態にしておく。顕在意識にはどんな考えが浮かぶだろうか。

第3章のサマリー

1 サイキック現象をコントロールする法則とその使い方。
2 サイキック送受信ステーションになる方法。
3 精神テレパシーとサイキック・テレパシー。この二つを使ってメッセージをやり取りする。
4 サイキック交信がうまくなるよう、サイキックな静寂状態になる方法。
5 ほかの人にサイキック思念波を送る秘訣。
6 サイキック・メッセージはしばしば夢や白昼夢の中で、シンボルとしてやって来る。
7 よくあるサイキック・シンボルの解釈法。サイキック交信に利用できる。
8 サイキック・メッセージを送る方法。
9 テレパシー催眠を使って相手の思考を誘導する方法。
10 テレパシー催眠を練習するステップ。
11 ほかの人の考えや暗示を受け取り、サイキック受信ステーションになる方法。

第4章

導きを求めて
サイキック記憶庫に
アクセスするには

正しい仕事や活動なら、サイキック・パワーに導いてもらうことができる。愛しあう幸せを見つける方法も教えてもらえる。

超意識のサイキック・インパルスに従えば、財産を築いてそれを守れる。起業し、創造的な才能を伸ばし、新製品を開発することもできる。こうした新製品などのイメージは宇宙の記憶庫にしまわれており、あなたがアクセスしてくるのを待っている。

人間を指導しコントロールする宇宙精神には、驚くほどの知性がある。宇宙の記憶庫には、すべての創造的なアイデアが納められている。宇宙のあらゆるものを創造する設計図がしまってあるのだ。うまくやる秘訣、化学製法、原子エネルギーなど、人間の成長発展に必要なもののすべてが、巨大サイキック・コンピューターのような電気システムに貯えられている。それにアクセスして、目的達成に利用できる。人生のあらゆる場面で、完全な指導を得ることができる。宇宙の記憶庫にアクセスする方法をまなべばよいのだ。

サイキック・センターを通して記憶庫にアクセスする方法

自分のサイキック・センターを通して宇宙の記憶庫にアクセスし、知識、パワー、富をいくらでも受け取ることができる。将来のすべてが、すでに記憶庫にしまわれており、あなたが利用するのを待っているのだ。

超意識のサイキックな導きを使って、幸せを手に入れる方法を知ろう。現代では多くの人がお金は足りているのに、以前よりも不安や脅威にさいなまれている。その結果、心配や恐れなどの良くない感情がつのるばかりだ。かつてないほど多くの人が、精神医療を受けている。若者も犯罪、ドラッグ、心の病気、不道徳な感情に脅かされている。

心の平和とパワーを得るには

こうした現実世界にいながら、頭と心のバランスを取る方法を、宇宙の知性からまなぶことができる。心の平和と幸福を得る潜在能力を開発できる。気分のバランスを保ち、感情をコントロールして、心身の健康に悪い習慣を改めることができる。宇宙の記憶庫には秘密の生命力が隠されており、あなたはアクセスしてそれを受け取ることができるのだ。宇宙の知性の宝庫にアクセスすれば、一生を通じて生命エネルギー、若さ、パワーが保証される。もう年だなどと嘆くこともない。宇宙のパワーは樹齢一〇〇年のカシの木も、五年の若木と同じく見捨てはしないからだ。

サイキック予知を使って、宇宙の記憶庫に未来の出来事を教えてもらうことができる。宇宙の記憶庫は、毛虫が蝶に変わるように、またオタマジャクシがカエルになるように、あなたの未来を予言する。こうした自然界の変身のしくみは、人間の科学を悩ませる謎だ。だが宇宙のサイキックな知性にとっては、ありふれた出来事なのだ。

創造的な天才になる方法

宇宙の記憶庫に眠る無数の形、デザイン、色彩を知れば、創造的な天才になれる。シダの葉のレースのような模様、雪片の幾何学的なデザインを、宇宙の知性はどれほど芸術的に描いているることだろうか。ピンクや赤いバラの微妙な色合い、ベルベットの手触り、えもいわれぬ香りなどから、自然界では宇宙の奇跡が起きていることがわかる。宇宙の知性は記憶庫から驚くべき方法でクモの糸、ハチドリの虹色の羽根などをつむぎだし、クモには巣をつくらせ、ハチドリには長い嘴《くちばし》で蜜を取り出して吸わせている。

なくしたものを見つける方法

宇宙の記憶庫を使って、失《う》せ物《もの》さがしもできる。宇宙精神にとっては、「なくなったもの」などないからだ。巨大コンピューターのようなシステムにより、記憶庫には時が始まってから、つくられたすべての歴史、物体、要素、形がある。だから所在がわからなくなったら、サイキック・パワーにありかまで誘導してもらえるのだ。

これまで多くの人がしてきたように、記憶庫にアクセスして隠された宝を見つけることもできる。金、銀、ウラン、ダイヤモンド鉱山を見つけられるのだ。ナイロンやレーヨンの製法を見つけたり、米国の園芸品種改良家バーバンクのように新種の野菜果物をつくったりもできる。海底や地下に眠る宝を発見することもできる。ただ、宇宙の秘密の波長に同調すればよいのだ。

Example　サイキックな導きにより、金鉱を発見

ある男性がサイキック・パワーを使ってネヴァダ州で金鉱を探していた。ある場所に来たとき、大量の金が地中に埋まっていると感じた。採鉱の経験はなかったのに、サイキック・パワーだけに導かれ、男性はその場所を掘りはじめ、たちまち五〇〇〇万ドル相当の金を掘り当てた。

宇宙精神のパワーを信頼する方法

宇宙精神からのサイキックな波動を受け取るには、まずこの力をとことん信じなければならない。宇宙精神は無尽蔵《むじんぞう》の知性であり、宇宙のあらゆる細胞や原子に宿っていると信じるのだ。宇宙精神は、すべての物質の原子組成を把握している。

宇宙の記憶庫には、名声や富へと導き、心の落ち着きを与えてくれる知恵と知識がつまっている。サイキックな霊媒を通して記憶庫にアクセスし、問題を解決する方法をまなぼう。

宇宙の知識は自然界でこんなふうに働く

ビーバーはダムのつくり方を知りたいとき、学校へ行くわけでも数学や建築学をまなぶわけでもない。宇宙精神にアクセスして瞬時に知識を得て、ちょうどよい大きさに切った木片の間に泥をつめるという方法を知る。そしてたいての場合、ダムには最適な川幅の狭い場所をえらぶことができる。

ミツバチが巣をつくって幼虫の餌を貯えるときも、宇宙精神を頼りにする。サイキックな霊媒から知恵を得て、蜜蝋から先細りの六面体をつくる。五面のものより蜜をたくさん貯えられると知っているからだ。

毛虫も、繭《まゆ》をつくって深い睡眠に入る。そして宇宙精神に導かれて、金色の羽根を持つ華やかな蝶へと変身するのである。

湖底の泥に棲《す》むヤゴも、宇宙精神の知恵によって虹色の羽根とたくさんの目を持つトンボに変わる。宇宙精神でなければできない、奇跡のサイキック変身術だ。

ちっぽけなアリも、大きな集団をつくってアリマキの群れを「家畜」にして生きのびる方法を宇宙精神からまなぶ。

カメレオンは自分を守るカムフラージュ能力で、敵から身を隠す。この能力はイカやタコなど、自然界の多くの生き物に授けられており、攻撃されたら敵の目をくらますためにインク状の液体を吐き出す。

アルマジロ、カメ、ヤマアラシは、固い甲羅や刺のはえた鎧を持ち、攻撃から身を守る。ゾウ、サイ、カバの厚い皮膚も同じ働きをする。宇宙精神でなければ、こんなすばらしい力は生み出せない。宇宙精神だけが、いつでも難なくやってのけられるのである。

あなたの中にもある宇宙の知性

これまであげた例だけでは、宇宙精神の奇跡的な創造力は語り尽くせない。そこで、宇宙精神の行なう最大の奇跡について考えてみよう。それは、あなたのことだ。たった九カ月で、脳、心臓、目、耳、それに、自分が奇跡の存在であると自覚できる意識を持つ人間ができるのだ。

宇宙の記憶庫にアクセスするステップ

1 毎日少なくとも一、二時間、誰にも邪魔されない部屋でサイキック・セッションをする。柔らかな照明や音楽があってもよい。まず、瞑想をする心の準備をしよう。身体はリラックスさせる。座っても、横になってもよい。それから意識を半分眠った状態にもっていく。目はそっと閉じておくのがよい。

2 セッション用の紙を一枚用意する。紙には、記憶庫から引き出したい情報について書く。たとえば「健康」とテーマを書き、健康に関する質問を明記する。自分の頭や気持を整理して、明快な質問をすることが大切だ。宇宙の記憶庫は、秩序とバランスの法則に従っているからだ。

3 ヴィジョンや聴覚で、メッセージを受け取る練習をする。幼い頃に戻って、人生でもっとも印象深い出来事を思い出そう。このサイキック退行セッションをはじめると、記憶の扉が開く。長い間、忘れていたことが、細かい部分まで蘇ってくることに驚くだろう。宇宙の記憶庫は過去の出来事を再現するので、あなたは心の中で人生をもういちどたどることになる。ふとどこからともなく、心に印象が流れ込んでくるのを感じるかもしれない。それは宇宙の記憶庫からサイキック・インパルスを受け取っているのだ。まさかこんなことができるとは思っていなかっただろう。こうして宇宙から知恵がやってきだしたら、アイデア、暗示、指示が流れ込むままにしておく。

4 幼い頃に出会った人びとを、いまは離れ離れになっていたとしても、なるべく思い出そう。心の中で顔を見て声を聞き、ともに重ねた楽しい経験を再現してみよう。すると急に、彼らの心からサイキックな感触がやってくるのを感じる。価値ある情報がやって来るかもしれない。

Example サイキックな夢で隠し財産を見つけた

二五歳の女性が父を亡くし、一文無しで取り残された。数年前に母を亡くしてから、女性は自宅で父の世話をしていたので、外で働いた経験がない。お金を稼ぐ方法もわからなかった。だが彼女は私とともにサイキック現象についてまなんでおり、サイキック夢想に入って宇宙精神とつながる方法を知っていた。ある日、自室でサイキック夢想に入り、生前の父親を思い浮かべた。顔、声、笑み、表情、そのすべてが生き生きと蘇ってくる。すると突然、父親がすぐそばにいる気がした。懐かしい声も聞こえてきた。「地下室にあるたんすの引出しの裏に、秘密の仕切りがある。中を見てごらん」。父親の声は遠のき、女性は夢想から覚めた。亡くなった父の声がほんとうに聞こえるなんてありえない、とばかばかしい気がした。たぶんうたたねして夢でも見ていたのだろう。

だが、あまりにも生々しい夢だったので、彼女は地下室に降り、たんすの引出しを六つとも調べた。すると上の引出しの後ろに隠し仕切りがあり、それをあけると、札束が出てきた。全部で五〇〇〇〇ドルも。

5 未来の次元に心を置き、宇宙の記憶庫に、一年後、五年後、一〇年後の自分がどうなっているか透視させてほしいと頼んでみよう。宇宙の時間には、過去・現在・未来の区別はない。ただ宇宙意識の流れがひとつあるだけだ。それを人間が勝手に秒・分・時間・日・年に割っているのだ。だから宇宙の記憶庫は、過去と同じく未来の出来事も映し出せるのである。

自分が裕福で、行きたいと思った場所を旅しているようすを思い浮かべよう。未来の出来事を呼び出していると、予言がもたらされることがある。サイキックな思念は、行動を生むもとになる。サイキック・セッションでなにかを思い浮かべれば、将来の予告を見ていることにもなるのだ。

Example　サイキック映像を思い浮かべて、たなぼたの富を得た

ニューヨークのセミナーでサイキック現象の法則をまなんでいたある女性も、未来の次元に行ってサイキック映像を思い浮かべて富を手に入れた。

豪華客船〈フランス〉号がニューヨークに初寄港したとき、その女性は新聞の写真を切り抜き、自分の「運命スクラップ・ブック」に入れておいた。毎日、サイキック夢想のセッションをして未来の次元へ行き、自分が〈フランス〉号に乗っている姿を想像した。ぜいたくな食堂でご馳走を食べ、ナイトクラブでダンスをし、広々とした甲板のデッキチェアに寝そべって日焼けをするのだ。また、〈フランス〉号が実際にニューヨークに寄港したときは、乗船してみた。船上を歩き、想像していた客室を見てまわった。そんなある日、なぜかこの

船でフランスへ渡るだろうという気がした。そんな費用は払えず、稼ぐ方法もなさそうだったのに。

未来を見るサイキック映像セッションを始めてから三ヵ月後、オハイオ州に住む伯母から手紙が来た。もう何年も会っていなかったのに、一〇〇〇ドルの小切手が同封されていた。このお金で楽しいバカンス旅行を、と伯母はいってくれたのだ。

こうしたサイキック・メッセージは、よく夢に現れる。そして来たるべき出来事の予告となることが多い。

Example　危険を予知した夢

アンナ・J夫人もそうしたサイキックな夢を見たひとりだ。夢の中で、オーストラリアに住む弟が海で泳いでいた。すると突然、弟が海中に沈んで助けを求めた。夫人はぱっと夢から覚めて、とても心配だと夫に訴えた。夫は、ただの夢じゃないか、当たるわけないよと慰めた。だが夫人は、なんとなく不安をぬぐえないでいた。二、三日後、弟から手紙が来て、沖に向かう強い流れに引きずられて溺れそうになり、必死で助けを求めたと書いてあった。救助員が助けてくれたが、ほんとうに危ないところだったそうだ。

宇宙精神はどうやって、この出来事が起こる前に記録していたのだろうか。出来事は宇宙の時間の中に凍結されている。宇宙を創造した宇宙精神ならば、それを熟知しているのではないだろうか。

あなたはサイキック時計を備えている

あなたの心と身体には、サイキックな生物時計がある。だからある年齢になると身体の成長が止まるし、人生のある時期には生殖機能が活発になる。宇宙精神のサイキック・パワーに押されて結婚し、家族をつくり、成熟するのだ。こうした将来の出来事がスケジュールどおりに起こるように、サイキック時計を調整することができる。

脳のサイキック・センターで、宇宙からのサイキック・インパルスを具体的な映像、言葉、指示に変えよう。そうすれば、時間というこの世の次元において出来事がスケジュールどおりに起こるよう、サイキックなメカニズムを働かせることができる。宇宙には永遠の法則しかない。宇宙精神は、時間を超越した次元において創造の奇跡を起こしているのだ。

第4章のサマリー

1 自分の将来設計のために、宇宙の記憶庫にアクセスする方法。
2 宇宙の記憶庫が自然界ですべての生き物をつくりだすやり方。
3 宇宙精神がなしとげる創造の奇跡。
4 宇宙の記憶庫を使って天職を見つけ、幸福、恋愛、成功、心の平和を得る方法。
5 サイキック・センターを使って未来の出来事を予言するサイキック予言。
6 宇宙の記憶庫からインスピレーションと創造的な導きを引き出す。これまで多くの天才が使ってきた方法である。
7 宇宙の記憶庫を使って失せ物や海中地中の宝を見つけ、財産を築く方法。
8 宇宙の磁気を使って重要な人物を引きつけ、相手にも影響を及ぼす方法。
9 あらゆる目的を叶えるために、宇宙の記憶庫と交信するステップ。
10 亡父のサイキックな声に導かれ、ある女性が引出しの裏から五〇〇〇ドルを見つけた話。
11 宇宙の記憶庫を使って過去を再現し、未来を予知する方法。
12 宇宙の記憶庫は、サイキックな夢を使って未来を予言し、正しい運命へと導く。
13 サイキックな夢が、遠く離れた海で弟が溺れそうになるのを予言した話。
14 脳のサイキック・センターにあるサイキックな生物時計を調整して、具体的な映像、言葉、指示を呼び出し、それを使ってスケジュールどおりの未来を実現する方法。

第5章

サイキック予知
——あなたの天命をつくる鍵

サイキック予知とは、未来の出来事を知ることだ。

自分の将来になにが起こるか、ほんとうにわかるのだろうか。

人間は、自分の持っているサイキックな知識によって運命をつくっていく方法を知ることができるのだろうか。

サイキック予知の力は、自然界では完全に働いている。たとえば毛虫はどうやって蝶になるかを知っており、繭をつくって変身に備える。

赤ちゃんの体細胞も成熟した大人になる方法を知っていて、骨を伸ばしたり、細胞を分裂させたりして大人の身体になる準備をする。

あなたには生まれつき、サイキック予知能力が備わっており、この力にアクセスして、未来の人生を導いてもらうことができる。

自分が思うより、あなたはもっとサイキック能力が使える

ある出来事が起こりそうな気がしたら、実際にその通りになったという経験はないだろうか。

街で親友や親戚にばったり会うような気がしたり、相手のことを考えていたら手紙が届いたり

といった些細な出来事だろう。あるいは有名人が殺されるとか、飛行機が墜落するとかの胸騒ぎを感じたことがあるかもしれない。

そうした予感が実現したら、それはサイキック予知体験である。起こる運命にあった出来事を、前もって予知したのだ。

ほんとうに、未来がわかるのだろうか。

サイキック予知や透視夢を使って、あらかじめ決定された設計図のとおりに人生の出来事を実現していけるのだろうか。

サイキック現象に関してはすぐれた研究者がたくさんの科学的な証拠をあげている。人間は、自分の未来をかなり知ることができるという証拠だ。

サイキック予知はどこにある

すべての生き物が、サイキック予知能力を備えている。すべての生き物は宇宙精神によって、サイキックな直観能力を持つようつくられており、そのおかげで宇宙の設計図に従って本来の姿と能力を手に入れ、自分の運命を完全に実現できるのだ。

サイキック予知には二種類ある。一つは「透視」で、過去や未来の出来事を見る能力だ。もう一つは「透聴」で、サイキックな声を聞く力である。透聴には、実際の声として耳に聞こえるものと、ある考えが言葉となって頭に響くものがある。

有名人にもサイキック警告がきた

リンカーン大統領は、死の二、三日前に自分が亡くなる透視夢を見て、家族にその話をしていた。サイキック警告に従っていたら、リンカーンは暗殺されなかったかもしれない。

ジョン・F・ケネディ大統領も、暗殺される透視ヴィジョンを見ている。

マーティン・ルーサー・キング師は、殺される少し前の感動的な演説で、自分はもう長く生きられないかもしれないという予感を語っている。

こうした警告は、間違いなく宇宙精神から来たものである。だれでもアクセスできるのだから、宇宙精神とつながっておけば、そうした有名人も悲劇を避けられただろう。だが、宇宙精神が決めた運命は、避けようがないのではと考える人がいるかもしれない。たしかに生命にはすべて、サイキックなフォーマット（書式）が決まっている。出来事の大きな流れは宇宙の予定表に載っており、変更はできない。だがそうした大きな流れをつくる個々の出来事は変えられる。意志の力で毎日の出来事をえらぶならば、避けたり、準備して待ち受けたりできる。サイキック・センターが、ほかの人よりもうまく機能する人がいるものだ。

しかし、ある人が向こう見ずになって酔っ払い運転をし、時速一六〇キロで飛ばしたとする。その結果、事故死したとして、これが宇宙の予定表に刻まれた出来事であり、避けられない悲劇だったといえるだろうか。むしろサイキック・センターの働きがおかしくなっていて、無謀な行動を止められなかったのではないだろうか。

サイキックな声を聞いて災厄を免れ、死を招く危険な行動を避けた例は多い。こうした話はめったに報告されないので、研究者に記録されることはあまりない。それでも、メッセージを受けても信じようとせず悲劇が起こった例が、当人の親戚や友人からいくつか報告されており、それが研究者の記録に残されている場合もある。

Example　サイキック予知を信じていたら、事故にあわなかったかもしれない……

セミナーの参加者、W夫人がある日、自宅でパンを焼いていると、右手に火傷《やけど》をしたような気がした。実際には火傷などしていないのに痛みを感じ、頭の中に車が炎上する映像が浮かんだ。

W夫人は、遠くの大学に車で通学している娘に電話した。そしてサイキック警告を受けたことを知らせ、お願いだから車の運転には気をつけてちょうだいと頼んだ。だが、ママは心配しすぎよと娘は笑い飛ばした。

その日の午後、娘は大学から車で帰宅していた。突然エンジンから発火し、それを消そうとして娘は右手にひどい火傷を負ったのだった。

母親のサイキック警告を娘が信じていたら、災難は避けられただろう。少なくとも、車に消火器を載せておけた。母親の透視ヴィジョンを信じなかったばかりに、火傷をするはめになったのだ。

女優を死から救ったサイキック予知

これはハリウッドの有名女優から聞いた話である。ある有名スタジオで、女優はセットの中に座って、出演シーンを待っていた。女優の頭上には、クリスタルの大きなシャンデリアがぶらさがっていた。すると突然、女優はサイキック警告を受けた。シャンデリアの下から逃げろ！　危険な気配はまったく感じなかったが、女優はすぐに立ち上がって、別の場所に移った。そのときシャンデリアが落下した。さっきまで女優が座っていた場所を直撃したのだ。移動しなかったら、大けがをするか死んでいたかもしれない。

私たちは皆、一生を通じてこうしたサイキック・メッセージを受け取りつづけている。警告に従って生きのび、その話をする者がいる。その一方で警告を無視して負傷や死を迎える者もいる。サイキック・パワーは未来を予知しており、災難を避けるすべを教えてくれることを知らなかったせいだ。

サイキック空想術

自分のつくったヴィジョンを未来に投影して、望む出来事を起こさせることもできる。私はこの方法を「サイキック空想術」と呼んでいる。サイキック予知を用いるが、未来にどんな運命が待っているかを見るのではなく、自分の望む未来を透視イメージにして、未来の次元に投影するのだ。

サイキック空想術の使い方

1 室内に座り、白昼夢を見ているときのように心をぼうっとさせる。

2 未来に望むことをヴィジョンにする。四次元の領域にまず自分を投影し、事業、執筆、演技、作曲、発明、投資など、なんでもしたいことをやっている自分の姿をヴィジョンとして見る。

3 自分が実際に行動している姿をヴィジョンにして未来に投影する。こうして空想を投影しているとき、あなたは意識と魂の四次元の領域にアクセスしている。創造的な願いを霊的な形にして未来に投影すると、ヴィジョンが実際の現実となって現れはじめるのだ。

4 静寂の中で瞑想し、内なるサイキック・センターに教えを乞う。問題をどう解決したらいいか、どうやったらお金が稼げるか、愛を手に入れて長持ちさせるにはどうしたらいいか、欲しい家や車をどうしたら買えるか。それから静かに座ったまま心をリラックスさせ、サイキック・センターから答が来るのを待つ。答は言葉として聞こえたり、アイデアが浮かんだり、映像や、なにかをしなければという気持になったりして現れる。

5 指示や答を得たら、現実世界で行動に移す。サイキック・インパルスは、じつは受身のエネルギーだ。インパルスから受け取った行動計画を実行するのはあなたである。サイキック・インパルスは行動に移せば移すほど、どんどんやって来るようになる。

魂のパワーのサイキック万華鏡

人間は自分の中に、魂のパワーのサイキック万華鏡を持っている。この万華鏡にアクセスして新しい目的、状況、組み合わせをつくり、虹色に輝く運命を実現できる。

見たことがおありだろうが、万華鏡とは子どものおもちゃで、長い筒の片側に色ガラスの小片がたくさん入っているものだ。筒をまわすと色ガラスが動いて、鮮やかな色模様をつくりだす。まわすたびに模様は変わっていく。

魂のパワーも、自分の未来をつくるためにサイキック・ヴィジョンにアクセスするとき、ちょうど万華鏡のような働きをする。魂の中にはさまざまなサイキック・エネルギーが貯えてある。このエネルギー源にアクセスすると、言葉による教え、思念波、映像、アイデアなどがやって来る。それらを使って、幸せな運命をつくることができるのだ。

サイキック予知を使って未来をつくる8ステップ

次のステップを気長に実行すれば、具体的な利益が得られる。

1 静かに座り、サイキックな印象、思念波、メッセージの受信ステーションになる。雑念をできるだけ振り払って、情報を得たい考えやアイデアに意識を集中する。たとえば、事業で大成功するにはどうしたらよいか。未来予知の場合は、たとえばどこに住んだらいちばん幸せになれるか。創造的な仕事に霊感が欲しいなら、たとえばアーティストとしての才能をどうやって開発したらいいか（歌手、俳優、ダンサー、デザイナー、美容師など、あらゆる分野の創造的なアーティストが、この方法を使っているようだ）。

目を閉じて完全にリラックスし、心の中の額にしばらく考えを置いておき、サイキックな思念波、情報、指示が来るのを待つ。自分が想像したものとしてアイデアが訪れることもある。サイキック・パワーはあなたの脳の機能を使ってメッセージを寄こすからだ。映像が心の額に流れるままにして、まるで実際に体験しているような気分で映像の中に入り込むこと。

2 このセッションのためには、想像力の使い方を練習するとよい。自分が考えた光景を、心の目で映画のように見る練習だ。たとえばハワイやヨーロッパやアフリカに向かう船に乗っているところを想像してみる。実際に船に乗っている感じを味わうのだ。あるいは未来の次元に入り込み、事業経営したり、新居に住んでいたり、望む相手と結婚していたりする自分の姿を見る。脳のサイキック・センターと想像力には密接なつながりがあり、想像したものが手に入る可能性は高い。いつの世も、人間はまず夢を見てから行動を起こした。想像力のトレーニングをして、脳のサイキック・センターを創造的な行動へと駆り立てよう。

3 透視を使って未来の光景を映し出し、透聴によって未来の出来事を告げるサイキックな声を聞こう。このセッションには、じっくりと取り組まなければならない。たいていの人は、脳のサイキック・センターを長い間、使わずにいる。だから機能させるためにはまず、センターに刺激を与えなければならない。

自分の未来に関して情報が欲しい事柄のリストを書き出そう。興味があるものならなんでもよい。次に例をあげるが、もちろん自分がつくったリストでかまわない。

・天職はなにか?
・将来、どんなところで自分の人生を築いていったらよいか?
・誰と結婚したらよいか?
・未来の伴侶をどうやって引きつけるか?
・借金を返して欲しい物を手に入れるには、どうやってお金を稼ぐか?
・問題を解決するにはどんな手順を踏めばよいか?

・恐怖、不安、自意識過剰、劣等感などの悪い感情をなくすにはどうしたらよいか？
・創造性や才能を開発して、能力を発揮する分野を見つけるにはどうしたらよいか？

4 瞑想中にサイキック予知術の練習をしながら、すでに発明されている製品を思い浮かべ、これを改良するにはどうしたらいいかとサイキック・センターに尋ねる。静かに座ってセンターから答が来るのを待つ。偉大な発明のほとんどは、こうしたサイキック・パワーから生まれたものである。

Example　サイキック予知を使って大金を儲けた発明家

ホノルルでのセミナーの参加者が、サイキック・パワーに導かれて、騒音の出ない家庭用水銀電気回路スイッチを発明した話をしてくれた。その男性は自分のサイキック・センターに、どうやったら夜間に押しても眠りを妨げないスイッチがつくれますかと尋ねた。するとある日、サイキック瞑想中にアイデアがひらめいた。そのアイデアをもとに、男性は何百万ドルも儲けた。

5 毎日のサイキック・セッションで、手に入れたい物のサイキック・コスモグラフ（映像）をつくり、すべてのものを創造する宇宙精神に向かって投影する。まず、手に入れたい物の写真を新聞雑誌から切り抜き、スクラップ・ブックをつくる。新車、美しい家、毛皮のコート、真珠のネックレス、冷蔵庫、エアコン、掃除機、家具、海外旅行など、なんでもよい。スクラップしたら、毎日数分ずつ、写真に意識を集中し、自分が新車を運転していたり、新居で暮らしたり、毛皮のコートを着ていたり、ヨーロッパ旅行をしていたりする姿を想像し、その映像を現実の次元に投影する。サイキック映像に意識を集中しながら、手に入れたらどんな気持ちになるか、感情を味わう。

Example 一万ドルのミンクのコートを手に入れた女性

ニューヨークのセミナーに参加した女性が、コスモグラフを使って欲しい物のサイキック映像を投影する方法をまなび、きれいなミンクのコートのコスモグラフを投影しはじめた。女性は裕福な家庭のメイドをしていたが、少ない給料では高価なコートはとても買えなかった。だが、サイキックな方法を使えばコートが手に入ると固く信じていた。

ある日、サイキック能力開発クラスで、メイドの後ろの席に座った裕福な婦人が、メイドの着古した布製コートに目を留めた。寒い冬の夜だったので、婦人はなんとかしてあげたい気持ちにかられた。ちょうど、ミンクのコートを新調したばかりだったので、まだいたんでいない古いコートをきれいな箱に入れて翌週、クラスに持参し、メイドにプレゼントした。二人とも、ミンクのコートが欲しいともあげたいとも言ったことがなかったのに、宇宙精神はメイドからのコスモグラフをキャッチして、サイキック予知を通じて裕福な婦人の心に投影したのだ。

6 自分の環境を見まわして、サイキック・センターに願おう。「私の人生がより良いものに変わるよう、お導きください」。それから静かに座って、アイデアがやって来るのを待つ。セッション中になにもやって来なくても、疑ったり諦めたりしてはいけない。多くの場合、あなたがなにかほかのことで忙しくしているときに、サイキック印象はやって来る。前もってセッションで必要なステップを踏んでおけば、いつかどこからともなく、メッセージがすっと心に入ってくるのだ。

7 サイキック・パワーを使ってつながりたいと思う、すぐれた人をえらぶ。あなたの目的達成を助けてくれそうな人だ。その人の心に向かって、思念波や指示をサイキック投射し、あなたを助けたいという気持になってもらう。これは前に話したサイキック催眠でもある。催眠といってもの宇宙の法則にのっとっているので、自分を向上させる目的であって他人を害するものでないなら、宇宙のモラルや原則を破ることにはならない。

セッションの間、相手の顔を思い浮かべよう。相手の名をよび、目の前にいるみたいにやさしく話しかける。前向きな言葉でお願いする。たとえば、「ジョン、助けてほしいんです。あなたなら、私の夢を叶えられる。あの会社に就職したいんです。このサイキックなお願いを聞いて、叶えてください。私はしっかり働いて役に立ち、ご恩返しをします。私には能力があります。あなたは私の才能を認めてこの仕事につけてくれますよね」

8 予知によって未来に願いごとをするには、透視を使う。内なるヴィジョンで、手に入れたい状況、物、人、出来事をありありと見るのだ。

サイキック予知をこのように使うと、望む出来事が現実に起こる前に、確かな未来として予知することができる。

Example　サイキック・パワーで夫をえらんだ女性

結婚したい男性の姿を想像して手に入れた女性がいる。まだ会ったことはない理想の相手を思い描いたのだ。彼女は毎日のセッションで、理想の相手の容姿、体格、性格を具体的に思い浮かべた。彼がダンス、映画、食事につれていってくれるところ、プロポーズしてくれるようすをヴィジョンとして見たのだ。親戚みんなが祝ってくれる教会での結婚式、郊外で住む家、彼の事業も。このセッションを二ヵ月つづけたある夜、友人の男性と行った地元のクラブで、女性はヴィジョンで見た理想の相手を紹介された。その瞬間、二人は強く惹かれあうのを感じた。ダンスを踊りながら彼は「ずっと前からあなたを知っていたような気がする」といった。

二ヵ月後、この男性は彼女にプロポーズした。二人は結婚し、教会での結婚式、ハワイのハネムーンは、ヴィジョンで見たとおりのものだった。

サイキック予知を願望達成に使うと、細かい部分まで、あなたが投影したヴィジョンどおりの運命が実現するのだ。

じつは、ほとんどすべての人生が、こうしたサイキック予知をもとに築かれている。人間は知らないうちに、サイキック予知を使っている。自分がえらんだ未来を投射して、脳のサイキック・センターにアクセスしていると気づいていないだけなのだ。

第5章のサマリー

1 生まれ持ったサイキック予知能力を開発して使う方法。
2 自然界で宇宙とその活動を調整するために、サイキック予知はどう働いているか。
3 透視と透聴を開発して、未来の出来事を見てサイキックな導きの声を聞く方法。
4 リンカーン、ケネディ、マーティン・ルーサー・キングは暗殺予告を受けていた。
5 選択と意志の力を使って自分の未来をつくる方法。
6 炎でサイキック・ヴィジョンが現れ、女性に危険を警告した話。
7 有名女優が予知によって死を免れた話。
8 サイキック白昼夢を使って未来の出来事をつくりだす方法。
9 魂のパワーの万華鏡。自分の未来に望む出来事を投影する方法。
10 サイキック予知力を高める8ステップ。
11 サイキック予知を使って一万ドルのミンクのコートを手に入れた女性の話。
12 サイキック予知を使って理想の相手と結婚した女性の話。

第6章
サイキックな導きで危険を避け、安全を確保するには

いま、アメリカには恐怖心があふれている。幸福や安全を脅かす危険に対する恐怖だ。憎しみ、悪意、敵意、暴動、暴行、強盗、殺人など、どれも減少するきざしはない。

ＦＢＩや地元警察の報告によれば、暴行、レイプ、窃盗、殺人といった犯罪が、驚くほど増えている。あらゆる不法な暴力がアメリカを席巻し、法と秩序を脅かしている。

だがこうした危険、暴力、恐怖の中で暮らしていても、サイキックな導きに助けてもらって、身を守るサイキックな要塞を築くことができる。

恐怖にかられるとサイキック・パワーはマヒ状態になり、サイキック・センターで直観の働きが鈍る。聖書には「あなたの恐れるものが、あなたのもとへやって来る」と説かれている。人間は意識するものを引きつけるようにできているのだ。恐怖を遮断して心を前向きにする、サイキックな防衛メカニズムを築けば、危険は避けられる。周囲の暴力や攻撃から身を安全に守れるのだ。

Example　襲撃から身を守った女性

セミナーの常連である女性が、暗い夜道で自分の車の運転席に座ろうとしたとき、見知らぬ若い男が助手席に乗り込んできた。男はハンマーを握った手を振りかざした。「声を出したら殺す！」

女性はサイキック現象の原理をまなんでおり、こんなときにはすぐに、自分の心に真実をいい聞かせて恐怖に負けないようにすべきだとわかっていた。だから内心で「私は神の不思議な光の輪に守られている。なににも傷つけられることはない」とつぶやいた。それから直観の導きに従って男にこういった。「お金がほしいならあげる。でもこんなことをしたとわかったら、お母さんはすごく恥ずかしくて情けない思いをなさるわ」

なぜそんなことをいったのか、自分でもわからなかったが、脅えを見せずにはっきりした声で告げるようにと、なにかに勧められたのだ。やがて男は腕をだらりと垂らし、泣き出した。「どうしてこんなことをしたのかわからない。麻薬をやっているから、お金がいる。でもおふくろのことをいわれて、ものすごく恥ずかしくなった」。そして黙って男は車のドアをあけて闇の中に消えた。

緊急事態にサイキック・センターとつながる方法をまなんでいなかったら、命は助かったとしても、大けがをしていたでしょう、とその女性はのちに語った。

自己保存はサイキック・センターの本能

自己保存も、あなたのサイキック・センターの本能である。危険が迫ったとき、サイキック・センターはなにをすべきかを直観で察する。恐怖を感じた犬は、相手を攻撃して本能的に身を守る。しかしライオンやトラなどの獰猛《どうもう》な動物は、まだ恐怖心を抱いたことのない幼獣は攻撃しないものだ。

危険から身を守って安全を確保するためのサイキック・セッションをするなら、危険についてのこうした事実をよく知っておくとよい。

直観の導きに従えば、たいていの危険から逃れられる。直観は、サイキック・センターの警報ベルのように、自動的に警報を送ってくるからだ。

サイキックなセンサーを装備して、あなたのサイキック・センターが高度な警戒態勢を取れるようにもできる。センサーは危険を予期し、どうやって危険を避けるか、また逃げるか抵抗するかの判断をしてくれるのだ。

ときには他人に異様なほど警戒心が湧くことがある。それは相手が強盗や暴行などを企んでいることを、本能的に知らされているからだ。

Example　サイキック・パワーの導きで強盗を防いだ女性

　ある女性がホテルで強盗から身を守った話から、サイキック・パワーが危険防止に役立つことがわかる。ホテルのフロントで会計係として働く彼女のもとに、若い男の二人連れがやって来て公衆電話はどこかと尋ねた。女性はなにか不審なものを感じ、二人がロビーを歩いて公衆電話に向かうのをじっと見ていた。なにか企んでいるという胸騒ぎがしたのだ。見かけはまったく問題がなかった。身なりはよく、態度も丁寧だった。だが女性は警察に電話し、犯罪者みたいな男が二人いるから助けてほしいと知らせた。

　やがて二人の男はフロントに戻ってきた。一人がフロント・スタッフと客室について話している間、もう一人が会計窓口へゆっくりと歩いてきたかと思うと、静かに銃を取り出し、お金を要求した。女性は逆らわず、助けが来るよう心で祈りながら、お金を渡した。やがて二人が玄関に向かおうとしたところへ、警官二人が入ってきた。すかさず女性は強盗です！と叫んだ。警官はさっと警戒して銃を構えた。強盗二人は両手を挙げた。警官は発砲することなく強盗に手錠をはめることができた。運良く、パトカーがホテル付近を巡回しており、女性からの通報にただちに応えたのだった。

　サイキック・センターに危険を警告してもらう方法をまなべば、人生で危険を避けられるよう、直観に導かれるようになる。犯罪が多発する地区を避けて行動できるようになる。たとえば暗い夜道、危ない近道、ひとけのない場所などだ。特定の場所で安全な時間帯がわかるし、なにかが起こりそうな予感がしていつ逃げるべきかもわかるようになる。

Example サイキック・センターを無視して撃たれた若者

安全を守ってくれるサイキック・センターを無視して、災難にあった若者がいる。若者が酒を飲んでいたバーに、強盗二人が飛び込んできて銃を構えた。強盗はバーテンからお金を奪ったあと、客からも取ろうとした。若者は一五〇ドルとアクセサリーを持っていたが、お金を出せといわれて抵抗し、腹を撃たれたのだ。命は助かったものの、数週間も入院した。守ろうとした一五〇ドルをはるかに超える苦痛をあじわったのだ。

若者の本能は、身体を守るべきだった。生きたいという欲望は、人間の意識のなかでもいちばん強い本能だ。若者がほかの客のように本能に従っていたら、負傷せずに済んでいただろう。

人生と安全を脅かす七つのもの

身の安全を脅かすものが、七つほどある。この七つをよく把握しておけば、危機に直面しても、なにをすべきかわかるサイキックな避難訓練ができていることになる。

❶火事
❷水難
❸交通事故
❹飛行機、機械などの事故
❺レイプ、暴行など
❻ナイフ、銃などの武器による強盗
❼洪水、ハリケーン、竜巻、落雷などの自然災害

七つの脅威を避けるサイキックな方法

1 まずサイキック・センターが守ってくれると信じること。心の中に防壁をつくって、危険を寄せつけずにいられるようになる。これを私は「宇宙精神の魔法円」と呼んでいる。毎朝、一日の行動を開始するときに、自分にこうささやこう。「私は宇宙精神の魔法円の中におり、なににも傷つけられることはない」。そうすればサイキック・センターを刺激して、警戒心を高めることができる。そして沈着冷静な気分になり、危険が迫っても正しい行動が本能的に取れるようになる。

2 心からあらゆる恐怖を取り除く。恐怖はサイキック・センターをマヒさせる。そうすると、安全を脅かす危険を警告したり、危険に際してどう行動すべきかを教えたりといった機能が働かなくなる。恐怖を寄せつけないためには、聖書の詩篇二三を記した小さなカードを財布などに入れて持ち歩き、日に何度か取り出して読む。詩篇二三は「神は私の羊飼い、私は必要なものすべてを与えられている……」ではじまる聖書の詩である。この詩の教える真実を固く信じれば、一日の活動を通して、勇気と保護のパワーが降りそそがれるのを実感できる。危険な目にあったとき、詩篇二三の第一行をくり返せば、サイキック・パワーが守ってくれていることがわかる。

Example 若い女性の冷静な行動が銀行強盗を撃退した

ニューヨークの某銀行窓口係の若い女性も、このサイキックな防衛法を使った。彼女は起こりうる危険に備えて、日ごろからサイキック・センサーを準備してあった。いつか危険な目にあうかもしれないという気がしていたからだ。

ある日、窓口に若い男性が訪れて、彼女にメモと茶色い紙袋を渡した。メモには「これはジョークじゃない。銀行を吹っ飛ばすだけのTNT火薬を持っている。袋に札束をつめて渡せば、誰も傷つけない」とあった。女性はかねてから、こうした事態には静かにお金を渡せ、けっして騒ぐな、と上司に指導されていた。身の安全のためである。だが彼女のサイキック・センサーが、脅しははったりだと教えてくれた。彼女はセンサーを信じて叫び声をあげた。若い男は走って逃げようとしたが、警備員二人に取り押さえられた。調べた結果、若い男は武器も火薬も持っていなかった。女性が来たるべき危険に備えて準備をしてあったから、サイキック・センサーは正しい警告を与えてくれたのである。

3 火事にあったり溺れそうになったりしても、パニックにはならないこと。恐怖に負けてパニックになったら、あなたのサイキック・パワーはマヒして働かなくなる。日ごろからサイキック・センターに「こんなときはどうすればいいでしょうか」と聞くなどしておけば、起こりそうな危険のサイキックな予防訓練になる。こうした危険を避ける方法を教えてもらえるし、実際に危険に遭遇したときにも、身を守るにはどうしたらいいかをサイキックな本能が教えてくれる。

Example　サイキック防火訓練で夫を助けた女性

ある女性が、火事のサイキックな予告を受けた。彼女の夫はセールスマンで、アメリカ中のホテルに泊まりながらセールスの仕事をしていた。女性は防衛のサイキック・セッションをしていたのだが、ある夜、夫の泊まったホテルが火事になって部屋に閉じ込められるという夢を見た。女性はとても怖くなって目覚めた。もういちど眠りなおしても、同じ夢を見る。彼女は危険を強く感じ、夫が泊まっている遠くの町のホテルに電話し、夫を起こした。

「火事の恐ろしい夢を見たの。あなた、大丈夫？」

「もちろん、大丈夫さ。ただの夢じゃないか。また眠って忘れるんだ」

だがしばらく彼女は、火事の生々しい夢が忘れられなかった。帰宅した夫に、ホテルの火事に備えて何か予防措置を取るよう強く勧めた。旅には鉄フックつきの長くて丈夫な避難ロープを持って行ってちょうだい、火事で部屋に閉じ込められて脱出口がなくても、窓から降りられるから、と。

夫は妻の勧めに負け、火事の予防をすると約束した。スーツケースに鉄フックのついた避難用ロープを入れたのだ。

その後の数週間は火事の夢を見なかったが、ある夜の午前三時に電話が鳴った。遠くの町にいる夫からだった。「火事の夢は正しかった！　今夜、僕の泊まった二階で火事が起きた。ドアをあけたら廊下は煙が充満していて窒息しそうになった。すぐにロープで窓から降りて無事だったよ」。幸い、その火事で死者は出なかった。だが、なんの警告もなく火事にあって亡くなった人の数は多い。

4 危険に遭遇したら、ただちにサイキック・センターに助けを求めよう。恐怖で心身が強張らないようにする。できるならリラックスし、サイキックな直観が身を助ける正しい暗示を送ってくれると信じること。

Example　サイキック訓練のおかげで、沖に向かう離岸流から逃れた女性

カリフォルニア・セミナーに参加した若い女性が、サイキック・パワーを使って身を守った話だ。女性はサンタモニカ湾で泳いでいたとき、強い離岸流に巻き込まれ、沖に引きずられそうになった。パニックになってもがこうとしたが、疲れ果てて溺れるだけだと気づいた。そのとき、セミナーで私が講義した言葉がサイキック・センターに蘇った。「抵抗せず、神にまかせなさい……」。彼女はすぐにもがくのをやめ、離岸流が四〇〇メートルほど沖にさらっていくのにまかせた。その間、静かに体力を温存し、頭を水面から出しておくことだけを心がけた。やがて離岸流が勢いをなくすと、彼女はゆっくりと泳いで浜に戻ったのだった。

5 透視予知術を練習しよう。サイキックな防衛が必要になるかもしれない未来の出来事を、前もってヴィジョンとして見ておくのだ。

静かにセッションをはじめ、サイキック・センターに次のような質問をする。

火事にあったらどうするか?
銃や刃物を持った強盗に襲われたら?
暴動に巻き込まれたら?
レイプされそうになったら?
水難を避けるには?
事故の危険を避けるには?
暴漢に襲われたら?

こうした仮定の質問をサイキック・センターに送ると、適切なアドバイスが返ってくる。それを頭に入れておいて、必要なときに使うのだ。

6 サイキックな胸騒ぎや透視には従おう。命を救ってくれるかもしれないからだ。この飛行機、船、車、バスに乗るなという警告を受けた人は多い。そうしたサイキック警告を無視したり、バカにしたりすれば、悲劇に巻き込まれてしまう。

私もそうしたサイキックな胸騒ぎを信じて、災難を免れた経験がある。ギリシアのアテネにいて、船でニューヨークに戻ろうと考えていたときだ。ギリシア南東部のピレウスからアメリカへ直行する便は、しばらくなかった。旅行代理店には、ピレウスからナポリへ船で向かうように勧められた。ナポリからは、豪華客船が処女航海に出るとのことだった。私は豪華客船のチケットを買った。すると、なんだか不安な気分になった。私は何度も安全に航海しており、船火事など心配したことがなかったのに、サイキック警告がしつこくひらめいた。キャンセルしてピレウスからニューヨークに直行する後日の便を待て、という警告だった。

私は警告に従ってキャンセルした。数日後、まだギリシアにいた私はラジオのニュースで、例の豪華客船が数百キロ航海したところで船火事にあい、ナポリに引き返したと知った。

あなたの人生で、サイキック・センターからのこうした警告がどれくらいひらめいたことがあるだろうか。臆病になって不安が高じているだけだと、警告を否定するかもしれない。だがそれは、あなたのサイキックな直観が命を救おうと警告を送ってきているのだ。サイキック警告とともに顕在意識も働くので、多くの人はバカにして笑い飛ばし、みすみす身に危険が及ぶ行動をしてしまう。しかしこの本でまなんだとおりにサイキック・パワーとつながれば、ほんもののサイキックな刺激を受け取ったときには、それを信じられるようになる。

7 サイキックな胸騒ぎを信じて、危険を避けるためにできるだけの予防をしておこう。地震、竜巻、洪水など、自然災害に巻き込まれたときも、サイキックな守護天使から見放された！などとパニックにならないように。自己保存の法則を思い出し、サイキック警告にただちに従おう。どうしたらよいかを教えてくれるからだ。

自然災害から身を守れるよう、聖書の次の言葉をカードに書き、何度も読んで覚えよう。

「あなたの左側に千人が倒れ、右側に一万人が倒れても、邪悪なものはあなたのそばには近寄らない。あなたの目だけは、邪悪なものが報いを受ける結果を見るのだ」

なぜ不運にあうのか、その理由は謎だが、もし不運に見舞われても、危険からはサイキックに守られていると信じること。あなたはなぜか、人生でよく起こるさまざまな災厄から生きのびることができるだろう。

Example スキー事故を予告された女性

私の指導でサイキック現象の法則をまなんだ女性が、サイキック・センターから、夫がスキー事故にあうという警告を受けた。夫妻はともにスキーに熱中していたが、これまでけがをしたことはなかった。二人はこの警告を気にしないでいたが、ある夜、妻が夢を見た。滑降していたときにスキーが雪に隠れた物体にぶつかり、夫は転倒して足を二ヵ所も骨折したのだ。生々しい夢に驚いて目が覚めた妻は時間を記録した。午前二時だった。夫に夢の話をしたが、夫は笑い飛ばし、いいからもう眠れといっただけだった。

翌週、冬にはいつもそうするように夫妻はスキーに出かけた。妻は、スキーに行かないよう夫を説得できなかったのだ。しばらくはなにも起こらなかった。だが昼食後すぐに、午前中に滑った場所に戻ったとき、突然、夫のスキーが雪に埋まった物体にぶつかり、夫は空中に投げ出され、遠くの場所に叩きつけられた。夫は痛みに泣き叫んだ。救助されたあと、夫は右足を二ヵ所、骨折していたとわかった。まさに先週、妻が夢で見たとおりだった。夫が病院に運ばれるときに妻が時計を見ると、ちょうど二時だった。何時にどこでスキーをすれば安全か、サイキックな警告にはきちんと従うべきだったのだ。

第6章のサマリー

1 危険なときに恐怖心に負けてサイキック・センターをマヒさせないようにする方法。
2 サイキック警告に従って襲撃から身を守った女性。
3 サイキックな導きによって自己保存本能を育てる方法。
4 サイキックな導きに従って強盗から身を守った女性。
5 危険を知らせ、すべきことを教えてくれるサイキック・センサーを育てる方法。
6 サイキック・センサーを無視して撃たれた若者の話。
7 人生の七つの危険と、サイキックな導きでそれを避ける方法。
8 人生であらゆる危険を避けるサイキックな方法。
9 危険なときにもパニックにならず、すぐにサイキック・センターに教えを乞う方法。
10 サイキック予知術の使い方。人生で起こる危険を前もって見ておき、危険が及ばないようにする方法を教えてくれる。
11 サイキック・ヴィジョンと危険予知で、著者が船火事を免れた話。
12 地震、竜巻、洪水などの自然災害にあったらどうするか。サイキックな守護天使を呼び出して守ってもらう方法。

第7章
サイキック即興を使って成功してリッチになるには

名声、名誉、富、財産も、宇宙精神はあびせるように与えてくれる。自然界にひそむサイキック即興の法則をまなべばよいのだ。

カエデの木は多くのタネをつくりだし、カエデという樹木が永遠につづくようにしている。自然は多くのタネをつくり、小さなパラシュートをつけてタネが風にのって母なる樹のもとから運ばれ、新たな場所で成長して自分の運命を実現できるようにしている。これが宇宙の即興である。

すべての創造物に自然が与えたこの秘密のパワー、宇宙の即興を使えば、あなたも自分の運命を実現できる。

自分の中にある不朽の魂に刻まれた宇宙の設計図に従えば、超意識は、あなたの人生で必要な要素を使って幸福と富にみちた運命を築いてくれる。この即興によって、宇宙にある建材ブロックから、人生の成功に必要なすべての要素を手に入れられる。あなたには、この建材ブロックを使っていまその場で運命の家をつくりあげる力があるのだ。その家が掘っ立て小屋になるか宮殿になるかは、サイキック・パワーの使い方次第である。

輝く成功を手に入れる10の分野

輝く成功を手に入れる一〇の分野がある。サイキック・パワーに導いてもらい、人生ではこの一〇の分野に意識を集中するとよい。誰にでも運命を実現する力は備わっている。宇宙の即興の法則を応用すれば、出番を待っている貴重な宇宙の宝を引き寄せることができる。一〇の分野とは——

❶若さと活力にみちた強健な身体
❷天職で充分な報酬を得る
❸人づきあいに恵まれ、人に認められる
❹恋と結婚をして家族をつくる
❺創造的な才能の開花
❻文化的、知的業績
❼サイキックな直観の導き
❽問題を解決し、恐怖や不安などの否定的な感情を克服する
❾人を引きつけ友だちができる魅力的な人格
❿スピリチュアルなバランスが取れている。心と魂の平和と落ち着き

劇場では即興劇という出し物がある。俳優がある役割やシーンをえらび、直観に導かれて、

キャラクターにふさわしい台詞や演技を見せ、生き生きしたシーンをつくりあげる芸だ。

宇宙にも、即興でダイナミックな行動をするサイキック・パワーがある。このパワーはあらかじめ決められたパターンにのっとって、あなたが自分の人生の役割としてえらんだものをつくりだしていく。その役割は凶悪犯でもロマンティックな英雄でも、国王でも奴隷でも、金持ちでも貧乏人でもよい。即興で口にする台詞は、悲しいものでも楽しいものでも、ロマンティックなものでも残酷なものでもえらべる。共演する俳優もえらべる。高潔な人でも卑劣な相手でも。醜く冴えない背景もえらべるし、背景を飾るすばらしい夢と理想と美のタペストリーを、サイキックな導きにより即興でつくりあげることもできる。えらぶのはあなただ。あなたがえらんだら、宇宙の即興をするために超意識が目覚め、えらんだ運命をパーフェクトに演じてくれる。あなたが人生でやりたい役柄を。

いかに宇宙精神のパワーを活用し、人生の出来事を即興でこしらえ、会いたい人をえらび、望む環境を用意し、欲しい状況をつくり、人生にインスピレーションと活力を盛り込むかが、豊かで充実した人生を勝ち取る秘訣だ。超意識は、あなたがえらんだパターンを実行し、成功してリッチになるために必要なものを即興でつくっていけるようにしてくれるのだ。

人生でなにを手に入れたいか、自覚しているか

人生で手に入れたいものを、はっきりわかっているだろうか。宇宙精神につくってほしいも

のは、カボチャかそれともカシの木か。あなたが自覚していないのに、超意識が運命実現へと導いていけるものだろうか。宇宙の法則を使うには、まず人生でなにを手に入れたいか、あなたがわかっておく必要がある。

サイキック・パワーの効用

サイキック・パワーにアクセスして宇宙の即興を使えば、望みどおりにリッチになれるし、自然界にあるどんな富でも引き寄せることができる。

宇宙に貧困はない。貧乏は人間の意識の中にだけあるのだ。サイキック・ヴィジョンは、宇宙にある無尽蔵の資源を利用できるよう、あなたを導いてくれる。とにかくサイキック・パワーを固く信じることが大切だ。サイキック・パワーが宇宙の秘宝庫に導いてくれるのだから。

サイキック即興を使うには

次のプログラムを実行してサイキック即興能力を磨こう。

1 静かに座って、宇宙の宝庫に納められている富に意識を集中する。これはサイキックな棚卸しである。金、銀、宝石などの価値ある物をリストアップしよう。それから、自然界の豊かな宝も意識する。野菜、牛乳、チーズなど、栄養となって活力を与えてくれる多くの食べ物のことだ。海には金や原油など、どれほど多くの宝や食料があふれていることか。科学者たちは、そうした宝を取り出そうと研究している。そうした宝にサイキック・パワーを集中し、自分が望む宝を見つけられるよう導いてくださいと宇宙精神に頼むのだ。

2 次に、一〇〇万ドルの富という宇宙意識を築く。すると、あなたが望むすべての富を即興で生み出すよう、超意識が導いてくれる。聖書にあるように、自分がすでに王国の後継者であるかのような、またすでに森羅万象を相続したかのような心構えを持つのだ。自分のものにしたい富を、サイキックに請求するのだ。

宇宙精神に対し、お金や財産をサイキックに請求しよう。そして、望む富が手に入る情報がやって来るのをまとう。

Example　サイキック請求をしてお金を手に入れた男性

三人の息子を持つ画家がいたが、絵を売って生活費を稼ぐ方法を見つけられないでいた。だが超意識のサイキック・パワーについてまなんでおり、買い手がつくような美しい風景画が描けるよう、自分は導かれているとわかっていた。ただ、作品を売る市場をどうやって見つけたらよいかがわからなかったのだ。画家はある日、静かに座ってサイキック・センターに、作品を売るにはどうしたらよいかを尋ねた。

やがてサイキック・インパルスがやって来た。小さなトラックを買って絵を積み、交通量の多い道路わきに停め、行き交う車の横で絵を描きなさい。最初は、そんなことをしても無駄だと思えた。道路わきに停めたトラックに載せた絵を、買ってくれる人がいるなんて思えなかったからだ。だが、画家はサイキック・センターを信頼しており、教わったとおりにした。中古の小型バンを買って車体に絵を飾り、ハリウッドから海岸に向かう道路に停めた。スモックを着てベレー帽を被り、道端に座って絵を描いていると、通る車のドライバーがおぜい止まって、画家を見ていった。絵はすぐに売れはじめ、この小さなスタートから画家はまもなく高級住宅地に家を買い、三人の息子を大学までやることができた。

サイキック請求は大胆にしよう。幸せ、心の平和、社会で認められること、友だちづくり、精力的で魅力ある人格など、なんでも請求しよう。前にあげた一〇の分野をすべて求めれば、サイキック・センターは、宇宙の即興の法則を使って望みを手にする方法を教えてくれる。

3 自分のものではなくても、利用できる物や富は有効活用しよう。公共図書館には宝が眠っている。偉大な精神が生んだ知恵や知識の集大成が、あなたの訪れを待っている。偉大な天才の人生をまなんで、あなたの意識を豊かにしよう。天才の思考を真似て、天才の知恵であなたの知性を高め、サイキック・センターを刺激しよう。

地元の画廊や美術館へも行き、所蔵作品をあなたの意識に取り込もう。近くの画廊に名作がなかったら、複製画を買って鑑賞し、美術のセンスを磨こう。

哲学、心理学、天文学、物理学などの諸科学、文学、音楽、演劇をまなぼう。すべて宇宙精神から人類が受け取った創造的な刺激だ。それをあなたの意識に取り込もう。そうすれば、過去の偉大な天才が世界に与えた文化的、知的な輝きを吸収することになる。そうやって吸収したものが、宇宙の即興の一部となって、もっと豊かで満足できる人生を築いてくれるのだ。

4 公園や公共施設を訪れ、これらは自分の財産だとサイキックに主張しよう。広大な敷地や公共施設が自分のものであり、無料で利用できると思えば心は豊かになるし、脳のサイキック・センターも刺激し、宇宙からインスピレーションを受けられるようになる。公園はほかの人のものでもあるが、あなたのものでもある。しかも庭師を雇って手入れしてもらう必要もない。公共施設、電話会社、電気ガス水道、そのすべてが低料金で利用できるのだ。こうした公共事業や高速道路、タクシー、バス、市街電車、地下鉄、電車などの公共輸送機関には、膨大な資金が投入されていることを考えてみよう。どんな億万長者でも、ひとりでは手に入れられない。だがこうした富はすでにあなたのものであり、利用できるのだ。こうした富を自分のものだと認めて活用すれば、脳のサイキック・センターを刺激することになる。刺激を受けたサイキック・センターは、安定した収入、将来の安全、持ち家、車、衣服、子どもの教育など、あなたの人生を快適でリッチにしてくれる多くの富を即興でつくりだせるよう導いてくれるのだ。

5ラジオ、テレビ、映画などが、ほとんど費用もとらずにもたらしてくれる貴重な富に注目しよう。東洋のマハラジャも、ラジオやテレビは手に入れられなかった。だがあなたはスイッチを入れるだけで、メトロポリタン劇場の壮大な交響曲やオペラも、大ヒットした映画も、制作費をつぎ込んだコメディ番組も見ることができる。コメディアンのジャッキー・グリーソン、『ルーシー・ショー』のルシール・ボール、TVタレントのミルトン・バールなどに楽しませてもらえる。グレタ・ガルボはあなたのために演じてくれるし、いまは亡きジョン・バリモア、タイロン・パワー、クラーク・ゲーブル、エロール・フリンなどの有名スターも、あなたを楽しませてくれる。まだサイキック・センターが自分の人生を豊かにしてくれると信じきれない人がいるかもしれない。だが、宇宙の即興はすでにすばらしい富や宝をあなたに用意しており、そうした富は浴びるように与えられている。あなたはただ利用すればいいだけなのだということを、ここでしっかりと理解しておこう。

6座ってサイキックな瞑想をし、「豊か」という言葉を意識しよう。サイキック・センターがファンタジーのように、あなたが送りたい理想の人生を即興するのにまかせる。あなたの思考は物質や肉体と同じ性質を持っている。思考とは物質だから、こうした白昼夢のようなファンタジーであなたが投射したサイキックなエネルギーには、ヴィジョンに投影する運命を引き寄せるパワーがある。虹や摩天楼が現実のものであるように、思考も現実のものなのである。

7 サイキックな宝の地図をつくって、あなたの求める宝を集められるよう、サイキック・センターに導いてもらおう。

サイキック宝の地図のつくり方

家、車などほしいものの写真を切り抜き、宝の地図に入れよう。将来、やりたい仕事も書く。育てたい才能、結婚したいソウルメイトの条件も書く。財産を築いて安全を確保するためにやりたい株式取引などの投資リストをつくり、行ってみたい外国、バカンス旅行をしたい場所を書こう。旅行代理店でパンフレットをもらい、行きたい名所を細かく書き出そう。

二三歳の男性が、いつも旅行したいと思っていたが、費用が工面できなかった。そこでサイキックな宝の地図を使ってアフリカ旅行がしたいと願った。するとサイキック・センターが、平和部隊に応募せよと教えてくれた。青年は採用され、すぐにアフリカ赴任が決まった。宝の地図が実現したのだ。

ほかにも、サイキック・パワーに導かれて世界一周旅行ができた女性がいる。美容師をしていた彼女はサイキック・センターに、二つの願いをこめた宝の地図をつくった。世界一周旅行と、お金持ちの夫だ。

サイキック・センターに導かれて彼女は、世界一周客船に仕事を見つけ、船上で裕福なやもめの男性と出会い、恋をして結婚したのだ。

8 サイキック・センターを刺激して宇宙の即興のパワーをかきたてるには、成功してリッチになった人びとの人生を知り、彼らがどうやって自己実現して富を得たのかをまなぶ。成功した人や彼らが勝ち取ったものを詳しく知れば、あなたのサイキック・センターは、もっと刺激的で新鮮な情報を送ってくれる。

9 宇宙をコントロールする宇宙精神の波動に、あなたのサイキックな感覚を同調させれば、サイキックな導きとして直観的にやって来るかすかな波動を、もっとよくつかめるようになる。聞いている音楽に意識を集中すれば、音楽がよりよく理解できる。友情に集中すれば、どうやって友だちをつくるか、また長く友だちでいられるかがわかる。愛に集中すれば、愛を手に入れられる場所へと導いてもらえる。

あなたのサイキック・センターをまず、バイオリンのように調律《チューニング》すれば、宇宙精神からのサイキックな導きの波動を受け取れるようになるのだ。

10 次の九つのサイキックな動機づけを使って、サイキック・センターに、宇宙の即興の力にアクセスさせよう。

❶あなたのお金で善行をしたいと望む。
❷人生の理想像を描き、スピリチュアルな人格になるよう努める。
❸ほかの人を楽しませる美しいものをつくりたいと願う。
❹利他的な動機で人生の夢を持つ。人生の夢は、家族や世界の幸せを含むものにする。
❺世界に平和と友愛をもたらしたいと願う。
❻毎日、ほかの人に愛を表現する。
❼ほかの人の欠点や不正を許せるよう練習する。
❽世界を向上させ、励まし、教育し、美しくして、もっと住みよい場所にするよう努める。
❾あなたの幸せをほかの人にもわけ与える。

第7章のサマリー

1 宇宙の即興によって富をつくり出す奇跡的なパワーを、どうやって真似るか。
2 すばらしい成功を手にする一〇の分野と、それを人生でどう手に入れるか。
3 あなたの運命の前もって決められたパターンをどうやってえらび、サイキック即興の法則を呼び出すか。
4 将来、なにを手にしたいかを自覚し、サイキック即興によって手に入れる方法。
5 宇宙には無尽蔵の富がある。その富に人生でどうアクセスするか。
6 サイキック即興によって、着実に成功してリッチになる方法。
7 一〇〇万ドルの富の意識を築き、サイキック・センターを刺激してリッチになる方法。
8 ある男性が金持ちになりたいと求め、経済的に独立して安定を得た話。
9 宇宙の即興を使って、無料の富が利用できる回路を開く方法。
10 将来、豊かになるための道を記したサイキックな宝の地図。
11 九つのサイキックな動機づけを使って、超意識の想像力とダイナミックな行動を刺激し、財産をつくる。

第8章
魂のミラースコープを使って サイキック・パワーを 集中するには

なぜ偉大な人と凡庸な人の違いが出るのだろうか。

どうしてみんながシェイクスピア、パスツール、プラトン、レオナルド・ダ・ヴィンチやエディソンのような天才になって、偉大な業績を残せないのか。

望むものをなんでも引き寄せる力をもたらす魔法の杖はないのだろうか。

あなたは、心と頭の超常的な力にアクセスし、宇宙精神とつながることができる。魂のミラースコープを使って自分のサイキック・パワーに集中すればよいのだ。あなたも天才になって創造的なエネルギーを放つことができる。そうしたエネルギーが、あなたの人生と環境を変えてくれる。

宇宙精神は、あらゆる生命の秘密を知っている

宇宙には宇宙精神があり、過去、現在、未来のすべての秘密を把握している。宇宙の神秘的な領域において、人間は全知全能の宇宙精神にアクセスする。魂のミラースコープの中にある自分のサイキック・パワーを通して宇宙精神の光に集中する。そして宇宙精神の中からなにかを自分に取り込むのだ。そのなにかを、エマソンは宇宙の生命の根源である「大霊」と呼んだ。

鏡が像を映し出すように、魂のミラースコープも、その超感覚的な鏡面に、宇宙精神の持つ思念波、イメージ、感情、アイデア、想像力を映し出せる。宇宙精神は、過去、現在、未来に起こるすべての出来事を知っているからだ。

人間のサイキック・センターは宇宙の生命の火花であり、神がすべての被造物に埋め込んだものと同じだ。いまでは多くの科学者が、現実世界にも見えない世界にも高次の宇宙精神が存在しており、それは非物質的な存在であると、しだいに認めるようになってきている。宇宙精神は、人間が自分の運命を実現するために必要なものすべてをつくり出す方法を知っている。

宇宙の魂の連鎖と、あなたの魂もつながるには

あなたも、魂のサイキックなネットワークに仲間入りできる。宇宙の魂の連鎖にあなたの魂をつなぐ方法を知ればよいのだ。このサイキックなネットワークは、過去のすべての知識とあなたを結びつけ、未来を予視させてくれる。また現在、健康かつ幸福で豊かな人生を送る秘訣を教えてくれる。

あなたのサイキック・センターは、わくわくするような思考に刺激を受ける。自分の魂が脳や身体に向けて放つサイキックな刺激を、魂のミラースコープによって宇宙に反射させ、そうすることによって宇宙の魂にひそむすばらしいパワー、知性、生命力、エネルギーとつながることができる。サイキック・パワーを絶対的な宇宙精神とつなげる秘訣を、あなたの人生で多

くの創造的機能として活用できる。この魂のサイキックな倍音をつくりだす方法をまなんで、建設的な目的のために活用しよう。ダイナミックなスピリチュアル・エネルギーでできたサイキック・ピラミッドは強力であり、身体を奇跡のように癒《いや》せるだけでなく、肉体的、物質的な利益も与えてくれる。

イエスもこの宇宙の秘密を活用した

この力こそ、イエスが奇跡を起こすのに使ったパワーである。海上を歩いたり、水をワインに変えたり、おおぜいの人に与えるためにパンと魚を何倍にも増やしたり、病人をその場で治したりした奇跡だ。イエスの純な魂が宇宙精神をミラースコープから反射し、宇宙の全能のパワーと霊的につながることができた。スピリチュアル・エネルギーを高めることによって、物質の分子構造を変え、新しい物質をつくり出し、病んだ細胞を活性化させ、完全な細胞に再生させたのだ。人間の魂と宇宙の魂をつなぐ六つのスピリチュアルな鍵がある。それは――

❶信仰
❷愛
❸善
❹慈善
❺許し

❻祈り

の六つである。

あなたの魂が宇宙精神と同調《シンクロ》すると、魂のミラースコープはさらにいっそう、宇宙精神の波動と導きを反射できるようになる。

偉人はたいてい、善人でもある

歴史上の偉大な人物はたいてい善人であり、深い人類愛を抱き、自己の創造的な才能を使って世界のために尽くしたいと望んでいた。こうしたすぐれた人には、現世的な富や名誉を追求する利己的な人物はほとんどいなかった。

そうした偉人は、魂のミラースコープから愛、善、真理の黄金の光を反射させていたのだ。モーセ、仏陀、孔子、イエス・キリストらは、人類を教化して霊的に高める道徳やスピリチュアルな法則を教えた。

私たちの時代にも、すぐれた人物がいた。リンカーン、チャーチル、植物学者のジョージ・ワシントン・カーヴァー、園芸品種改良家のバーバンク、エディソン、パスツール、キュリー夫人、フローレンス・ナイチンゲール、社会福祉事業家のジェイン・アダムズ、ジャンヌ・ダルク、ヘレン・ケラー、ハンセン症撲滅に尽くしたダミアン神父など、輝く魂の持ち主はここに書ききれないほどだ。

魂をなぜ同調させる必要があるか

あなたの魂のミラースコープは、宇宙精神に正しく同調させれば、宇宙精神の魂を反射することができる。

ミラースコープは宇宙のすべての秘密を知り、宇宙のサイキック・パワーにアクセスできる。あなたをすばらしい運命に導いてくれるパワーだ。

ニューヨークの有名ホテルの舞踏ホールで、かつて知人のピアニストがコンサートを開いた。一段高い舞台には、スタインウェイのグランドピアノがみごとに調律されて置いてあった。ホールの隣の部屋には、ドアが開いていたので見えたのだが、もう一台のグランドピアノがあり、ホールのピアノと同じ音高に調律されていた。ピアニストはホールのピアノに向かい、キーを叩いた。「耳を澄ませてください」というピアニストの言葉に、私は従った。するとピアニストが叩いたのと同じ音が、遠くから響いてくる。隣室の無人のピアノが鳴ったのだ。「二台のピアノをまったく同じように調律すると、一台のピアノが反響する音の倍音で、もう一台のピアノが鳴るのです」

これこそ、宇宙精神の魂の倍音にあなたの魂を同調させたときに起こる現象なのだ。前にあげた六つの鍵は、宇宙精神の魂とサイキックに同調するために使える。同調すれば知識、パワー、知恵、導きの波長が、あなたの魂に反射されるのだ。

聖書には「神は善である」「神は愛である」と書かれている。愛と善は、私たちと宇宙精神の魂をつなぐサイキックな鎖をつくることができる。

聖書にはまた「あなたは信仰により、完全なものとなる」とある。信仰は、宇宙精神の波長と私たちの魂の波長を同調させ、サイキックな贈り物を受け取るためのもう一つの方法なのだ。

魂のミラースコープを使って、あなたのサイキック・パワーをどう集中するか

1 スピリチュアル・エネルギーをサイキックに高めるには、瞑想中にあなたの意識を物質の領域よりも上昇させる。マタイによる福音書の「主の祈り」や詩篇二三をくり返してから、宇宙精神の魂とサイキックな同調をはじめよう。

2 無言で座り、魂のミラースコープの鏡面を静める。心配も恐れも実生活の問題も、ミラースコープには映さないようにする。

3 意識を集中して、ミラースコープに全知全能の宇宙精神を映し出す。ミラースコープに「全知全能」という言葉を映し出し、次に記す言葉を内心でつぶやく。あなたのサイキック・センターを活性化してくれる言葉だ。

「私は宇宙精神の全知全能の力を望んでいます。宇宙にひそむ秘密を知るために、知恵と知識

とパワーがほしいのです。いまから私の意識を肉体や物質のレベルから、純粋な光とパワーにみちたスピリチュアルな領域まで上昇させます。私はいま創造的な愛、ダイナミックな善、スピリチュアルな信仰のパワーに同調しています」

4 意識を集中して、魂のミラースコープに全知全能の宇宙精神を映し出す。宇宙精神に貯えられたエネルギーと強さにみちたパワーを呼び出すのだ。

宇宙精神の全能のパワーが、脳、身体、魂のすべての細胞に宇宙の光・生命・パワーをみたしたと感じるまで、次の文句をくり返す。

「私のサイキック・パワーを、宇宙を流れるダイナミックな生命潮流に集中させます。私は生命力、エネルギー、健康、生き生きした若さがほしい。宇宙のパワーがいま、生命力を与えるエネルギーの潮となって私の身体と魂に流れこんでいます。私の脳と身体のすべての細胞が、宇宙精神の生命力にみち、癒され、若々しい流れを浴びています。私はいま、強くて健康で活力にみちています。私の魂のミラースコープは、心と身体を一〇〇年以上も守ってくれる生命力を映し出しています」

5 魂のミラースコープに、「遍在（どこにでも存在する）」という言葉に含まれる宇宙精神のパワーを映し出す。すべての細胞を活性化するダイナミックな宇宙の生命力でみたされたと感じるまで、次の文句をくり返す。

「私はいま宇宙精神の遍在を感じており、魂のミラースコープに映し出しています。宇宙精神の魂から注がれる生命力の知恵、すなわち宇宙のあらゆる細胞に生命力・パワー・知識を与える知恵を映し出しています。私の意識はいま、宇宙精神の遍在性を感じ取り、全知全能のパワーを受け取っています。私は自分の魂を、自分でえらんだ場所のどこにでも投影できます。私は時空を探求し、いつの世の知恵も知ることができます。私はいま宇宙精神の波動を受け取ることに、サイキック・パワーを集中させます。宇宙をコントロールする宇宙精神がサイキックな導きを送りだす波動です。私は眠っている間、物質世界の限界を超えて魂を解き放ち、見えない領域に私の知恵をアストラル放射します。見えない次元で、私は過去の歴史的な出来事を振り返り、過去の偉大な魂とまじわり、古代の神秘的な場所や秘密を探求します。いま私は、宇宙精神の遍在をとおして、すべての生命を知っています」

6 サイキック・センターを次の考えや暗示に同調させる。魂のミラースコープにこうした思念波を映し出すと、それは宇宙精神の魂に向けて反射され、称えた文句に含まれる利益をあなたにもたらす。凪《な》いだ湖面が青空や白雲を映すように、魂のミラースコープも、魂の思念波に含まれるダイナミックな創造力をそのまま映し出すのだ。

Ａ 知性。「私はいま、導いてくれる宇宙精神の知性に、自分の魂の波動を同調させています」

Ｂ 健康。「私の心と身体は、宇宙精神のダイナミックなパワーとエネルギーのパターンを反射しています。私に生命力、健康、活力を与え、人生ですべての目的を叶えてくれるパワーです。

私は、不老不死の宇宙精神のヒーリング・パワーと交信しています」

Ⓒ成功。「私はいま魂のミラースコープに、宇宙精神の成功を映し出しています。宇宙のあらゆる細胞や原子に刻み込まれた成功です。私はやることすべてに成功します」

Ⓓ富と豊かさ。「私はいま、富と豊かさのサイキックなイメージを意識に集中しています。宇宙の宝庫から、私の運命を実現するのに必要なお金、財産、豊かさを引き出します。私は物質的な財産だけでなく、心と魂の豊かさも持っています。人生のあらゆる場面で豊かさを、私のもとに引き寄せます」

Ⓔ幸福。「私はサイキック・センターに宇宙の喜びと幸福の倍音を映し出します。私は、生き生きした喜びという宇宙のリズムに合わせています。このリズムは陽光や慈雨となって地上に降り注ぎ、春には美しい輝きとなって命を生み出します。宇宙の魂のリズムは、私の人生でも、幸福、心の平和、魂の落ち着きとなって現れます」

7 静かに座り、魂のミラースコープに映る宇宙の光に集中し、四次元の意識の中に浮かび上がる。肉体や物質が住み、制限を受けている三次元の世界から意識を浮上させれば、こうした状態になれる。意識を宇宙のスピリチュアルな領域にまで高めれば、先見の才能を本当に手に入れられるし、過去、現在、未来の秘密もわかるようになる。現実世界にある時間の次元は消え、スピリチュアルな山の頂上にのぼったような気分になる。そこでは現実の地平を超えて、無限の眺望が得られるのだ。

「上昇」は、つねに意識高揚のシンボルである。もっと完全で制限のない意識へと高揚しよう。飛行機で上空四八〇〇〇キロを飛べば、地上について新しい見方が生まれる。すべての肉体的、物質的な邪魔は色あせていく。山は平らになり、地平線が見えてくる。地上にいてはわからなかったものが見えてくるのだ。

制限のない純な魂の成層圏へ上昇すると、あなたは意識という重力から解放され、魂はインスピレーションの翼に乗って宇宙の輝きやサイキックな導きという高遠な領域に上がっていく。本能的な欲望と物質主義がはびこる三次元の領域から、絶対の領域に住まう純粋な宇宙精神の高遠な領域へと離昇するときだけ、あなたの魂のミラースコープは、水晶のように澄んだ宇宙精神の知性を正しく映し出す。そして宇宙精神はサイキックな導きを与えてくれる。あなたは宇宙の秘密を知り、宇宙の創造的なプロセスを活用して、発明、作曲、創作、発見ができる。新しい美のかたち、新製品、新しい組み合わせを手中にできる。そして人類を、宇宙精神の偉大な領域にまで引き上げることができるのだ。

第8章のサマリー

1 宇宙精神は過去、現在、未来のあらゆる秘密を知っている。魂のミラースコープを使って、そうした宇宙精神の知性にアクセスするにはどうしたらよいか。

2 人間には魂があり、魂の力を通じてサイキックな導きが得られるということの科学的な証拠。

3 宇宙精神の放つ金色の魂の放射と、あなたの魂をつなぐ方法。

4 イエスは宇宙精神のパワーを使って癒しや復活の奇跡をなしとげた。

5 宇宙精神にひそむパワーを解き放つ六つのスピリチュアルな鍵。魂のミラースコープに宇宙精神を映し出す鍵。

6 超感覚を通して呼びこむ宇宙精神のパワーに、あなたの魂の波長を合わせる方法。

7 魂のミラースコープによってサイキック・パワーを集中する方法。

8 スピリチュアルなエネルギーを高めて奇跡を起こす方法。

9 宇宙精神を魂のミラースコープに映して、全知全能になる方法。

10 全知全能のサイキック・パワーを使って健康や活力にみちた強さとエネルギーを得る方法。

11 宇宙精神のパワーを使って脳と身体に宇宙の生命力をチャージする方法。

12 魂のミラースコープに宇宙精神の創造的なパワーを映し出して、あなたに利益をもたらし、脳のサイキック・センターを開放する方法。

13 魂を四次元の領域まで高める方法。四次元の領域では、宇宙精神とつながることができる。宇宙精神はあなたにほんものの先見力と、過去、現在、未来の秘密を知る力を与えてくれる。

サイキック夢遊状態を使って
アストラル放射するには

サイキック夢遊状態になれば、遠く離れた時空に自分をアストラル放射できる。遠い昔にインド、中国、チベットに生きていた人びとの秘密を知ることができる。それには眠っている間に、魂を別の時空の次元にアストラル放射すればよいのだ。

サイキック夢遊状態とは、眠りながら魂が外に出て、見えない領域を探索している状態だ。

宇宙から思念波を受け取るには

サイキック夢遊状態では、アストラル放射を使って宇宙の記憶庫にある思念波、アイデア、映像を受け取ることができる。いま地上に生きている人からも、ずいぶん前に亡くなった人からのアストラル映像も受け取れる。亡くなった人の思念波はいまもなお生きている。そうした思念波は、彼らの肉体の見えない分身となって、姿を現わすことができるのだ。

母親は子どもとスピリチュアルな臍《へそ》の緒《お》でサイキックにつながっている。我が子が脅威にさらされたまさにそのときに、アストラル放射（サイキック・ヴィジョン）を見ることが多い。

Example　ベトナムで戦う兵士からのアストラル放射

ベトナム戦争でこうしたアストラル放射が起こった例がある。私のセミナーでまなび、サイキック現象に詳しい女性が、体験を話してくれた。彼女は夢を見たのだが、夢の中は炎が燃え上がり、砲撃が轟く生々しい光景だった。男たちが全身に負傷して横たわり、死にかけていた。殺戮の中を歩いていた彼女は、突然、息子が仰向けに横たわっているのを見た。顔は血にまみれている。彼女は身をよじって泣き出し、息子を撫でさすった。息子は目を開けてこういった。「泣かないで、母さん。大丈夫だよ」

彼女は目を覚まし、ヒステリックに泣きながら夫に訴えた。「ジミーになにか起きたわ。ひどいけがをした夢を見たのよ」。夫はただの夢じゃないかと妻をなだめ、時計を見た。のちになって二人は時間を確かめたことを思い出している。その夜、女性は眠れずにすごした。

数日後、女性は国防省から通知を受け取った。息子が砲撃で重傷を負い、入院しているという知らせだった。その後、女性が息子に手紙でけがの詳細を知らせるよう求めると、息子は、意識を失う直前に母の顔を見て大丈夫だといったことを書き寄こした。息子が負傷した時間は、母親がアストラルな夢を見たちょうどそのときだった。

眠っている間に魂はアストラル飛行できる

人間の魂は、鉄やコンクリートの壁を通り抜けられる電磁力に似ている。意識が脳という肉体的な器官に閉じ込められているわけではないように、魂も肉体の虜囚《りょしゅう》ではない。魂は知性を持つ非物質的な力であり、三次元ではなく四次元世界の法則に従っている。

あなたの魂は眠っている間にアストラル飛行できる。目覚めてはいるがトランスしているようなサイキック夢遊状態でもアストラル放射できる。アストラル飛行中の出来事は、すべて意識で知ることができる。

夢を見ていると思っているかもしれないが、それはじつは遠い場所や別の時代へのアストラル放射である。だからずいぶん前に亡くなった人と話ができ、情報や導きを受け取り、知的な会話を交わせる。そしてサイキック夢遊状態から戻った後に思い出すことができる。

人間の魂は宇宙の魂の一部である

人間の魂は宇宙の魂の一部であり、独自の構造をもち、不死身であり、いずれは別の時空の次元に存在するようになる。人間の魂は、無限の知識と力を持つ目に見えない宇宙の魂の分身であり、神秘的な存在だ。そしてサイキック夢遊状態のときに宇宙の魂にアクセスできる。サイキック夢遊状態では意識が眠っているように見えても、魂はつねに目覚め、肉体からは自由で、宇宙精神からの刺激を受け取れる状態にある。この宇宙精神とつながる霊媒現象を通して、人間の魂は自分を遠くの時空や未来の次元に放射し、これからなにが起こるか、災難や事故や悲劇をどうやって避けたらよいかを知ることができる。

Example　アストラル・ヴィジョンで命を救われた男性

米国海軍に四年近く勤務した男性が、あと四年間、勤務をつづけるか、それとも除隊するかを決めなければならなくなった。

この男性は戦艦アリゾナ号の無線通信士で、寝場所は弾薬庫の真上だった。ある夜、男性はアストラル放射を体験した。弾薬庫に砲弾が命中し、乗組員がほぼ全滅するというヴィジョンを見たのだ。

この夢に男性はたいへん悩み、下船の機会がきたときに除隊を決めた。一九四〇年の晩夏のことだった。やがて一九四一年一二月七日、日本の爆撃機が真珠湾を攻撃した。アリゾナ号の煙突を砲弾が直撃し、船上の弾薬が爆発した。乗組員のほぼ全員が即死した。

これは、男性の魂が未来の次元に自分をアストラル放射し、命を救った実例である。

アストラル放射は過去へも未来へもできる

時空のどの次元へもアストラル放射できる。過去、現在、未来のどこでもよい。アインシュタインの相対性理論でわかるように、宇宙空間には時間というものはない。時間は人間が発明したものなのである。宇宙精神の意識の流れは永遠につづき、神秘の巻物に過去、現在、未来のあらゆる出来事を記している。アストラル飛行をすれば、時を遡っていつの時代にも戻り、過去の出来事を知ることができる。未来の次元にも放射し、これから起こる出来事を知ることもできる。

Example イタリアへアストラル飛行した女性

知人の女性がある夜、奇妙なアストラル・ドリームを見た。彼女はイタリアにいて、多くのおもしろい場所を案内されていた。岬にそびえて海を見下ろす古代の城をありありと見たことを覚えている。イタリアに行ったことはなかったが、夢があまりにも鮮やかだったので、女性は目覚めてから夢を書き留めておいた。一年後、彼女はじっさいにイタリアを訪れた。旅行ガイドがある角をまわろうとしたとき、彼女がいった。「角を曲がったら、岬にそびえて海を見下ろす豪壮な城があるわ」。ガイドは答えた。「前にいらしたことがあるんですね」

角を曲がると、古代の城が建っていた。まさしく彼女が一年前にアストラル飛行で予見したとおりだった。

宇宙には時間の境界はない

アストラル飛行をすれば宇宙には時間の境界はないということがわかる。時間に境界があるように見えるのは、人間の意識の中で時間を毎日の生活の枠組みとして使っているからである。人間は時間を、過去、現在、未来という三つの区分に分けたがるが、サイキックな領域では、時間は存在しない。時間は人間がつくりだしたものだ。アストラル放射の体験は、過去へ戻ろうと未来の透視ヴィジョンであろうと、時間の境界を完全になくしてしまう。アストラル体験では時間の境界を飛び越え、連続する時間の中で前にも後ろにも自分を放射できるのだ。

Example　アストラル・ヴィジョンで悲劇を避けた医師

ある医師が車を運転中に見たアストラル・ヴィジョンは、トランス状態でなくても未来の出来事のアストラル放射を受け取れるという証拠である。

この著名な医師が乗る車は、四人が乗っている車の後ろを走っていた。医師には前の車を追い抜くチャンスが何回もあったが、実行はしなかった。前の車は事故に巻き込まれるだろうというサイキックな確信があったのだ。数キロ走ったあと、前の車は分岐点に差しかかった。そこで大型トラックが前の車に突っ込んできて、四人は重傷を負った。医師は車を降りて負傷者の応急処置をし、四人を死から救った。

人間には魂があると、科学者たちも証明している

超心理学の創始者ライン博士は、心とは人間が意識の流れと呼んでいるものとは別の独立した存在であると信じている。

科学者を含む多くの著名人がサイキック現象の研究をして、人間には魂があると証明している。人間の意識の中には、脳細胞、神経系、体内化学バランスとは関係のない非物質的な要素があるようだ。この非論理的でスピリチュアルな存在、つまり魂は、物質とは関わりなく働き、サイコキネシス（念動）によって物体にスピリチュアルなエネルギーを注ぎ込むことができる。

フランスのある科学者が、ある人が死ぬ瞬間の体重を量り、死の瞬間には一〇〇グラムほど軽くなっていることを確かめた。これは魂のようななんらかの生きたエキスが、死の瞬間に肉体を離れた証拠といえるだろう。

Example　夢によるアストラル放射が正しいとわかった

ビル・Nはアストラル放射により、未来の出来事を正確に見たことがある。鮮やかな夢のようだったという。ビルは飛行機の操縦をまなんでおり、週にレッスンを二回、近くの飛行場で受けていた。アストラル放射の中で、ビルは飛行場にいた。単発機に乗ろうとしたとき、赤い飛行機が青空を飛んでいるのを見た。教官とともに操縦席に乗り込もうとすると、赤い飛行機が地面に激突して燃え上がった。

ビルはこのアストラル・ドリームに衝撃を受けてすぐに目覚めた。それまでサイキック体験はなかったので、ただの夢だと思った。ビルは時計を見た。午前三時一五分だった。ビルはふたたび眠り、夢のことは忘れた。

翌日、ビルは正午に飛行場に着いた。二時間の飛行訓練を受けたあと、ビルは無事に着陸し、小さなレストランで昼食をとった。煙草を一服してから飛行場に戻り、帰る仕度をした。ビルが空を見上げると赤い単発機が青空を飛んでいた。その瞬間、アストラル・ドリームがまざまざと蘇った。突然、エンジンの音が聞こえた。単発機に故障が起きたらしく、飛行場に向かって飛んできた。単発機はビルの目の前で地面に激突し、燃え上がった。ビルが時計を見ると、ちょうど三時一五分だった。

サイキック夢遊状態に入るときに注意しておきたいことがある。最初は、眠っている間に魂に身体から飛び出せと命令するような気がして、奇妙な感覚を覚えるだろう。めまいや頭がふらつく感じがして、身体も軽くなったように感じ、最後にはまるで身体がなくなって魂だけの存在になったような気がするかもしれない。この最後の段階では、意識を失いそうになりながら、紐《ひも》につながれた凧《たこ》のように魂が引きずられるのを感じるだろう。体外に出ながら飛行機のように飛んでいるのを感じ、意識にしがみつこうともがくだろう。だが完全に意識を手放したほうがよい。あなたのサイキック・センターは、魂がアストラル界を漂う間、あなたを守っていてくれるからだ。

魂の記憶は、よく夢に現れる

魂の記憶は、鮮やかな夢に似ている。外国や過去をあちこち漂う夢だ。身体に戻りたいと思ったら、サイキック・センターはあなたを普通の睡眠に戻してくれる。いつもの時間に目覚めたあなたには、幻想的な夢や信じられない体験の生々しい記憶が残っているだけだ。だが夢を見ていた間、あなたは確かにサイキック夢遊状態でアストラル界にいたのだ。

サイキック夢遊状態を使ってアストラル放射を引き起こすプログラム

1 アストラル放射するためにサイキック夢遊状態に入る準備ができたら、楽な姿勢で座るか横になる。昼間でも夜でもよい。日中なら、眠るときのようにカーテンを閉めて室内を暗くする。ドアには鍵をかけ、アストラル飛行中に邪魔が入らないようにしておこう。

2 半ば眠ったような夢遊状態になるには、明るく光る物体にしばらく意識を集中する。水晶球や時計などだ。目よりも少し高い位置にぶらさげておこう。

3 明るい物体を見つめながら、次の文句をくり返す。「私はいま、サイキック睡眠に入ろうとしている。眠っていても、まわりで起きていることはすべてわかっている。いまはまだ意識がある。余計な考えに邪魔させないためだ。目がだんだん重くなる。意識は夢遊状態になる。眠ってはいるが魂はアストラル飛行中に体験したことをすべて覚えている。さあ、眠る……眠る……眠る……」

4 魂を体外に出す準備は整った。次に一〇回から一五回、深呼吸する。呼吸はだんだん遅くしていく。リズミカルだが、起きているときの二倍も遅い呼吸にする。

5 目を閉じる。いまは夢を見ているような気分になっている。半覚醒状態だ。次の言葉をくり返そう。「私はいま魂に、肉体から出て時空をアストラル旅行せよと命じる。過去でも未来でもよい。アストラル飛行中に体験したことは、すべて覚えておこう」

6 深呼吸をつづけていると、すぐに心と身体が軽くなってきたのを感じる。魂は宙を漂っていて、意識を失いそうな気分だ。この段階では怖くなるかもしれない。心臓の鼓動が速く、激しくなり、これまで体験したことのないような感覚に襲われる。サイキック・センターが開かれ、意識を集中したことと血管を流れる酸素が増えたことに強い刺激を受けているからだ。だが、緊張してはいけない。まだ身体や心の機能はコントロールできているし、怖くなったり気持が悪くなったりしたら、すぐにこの軽い夢遊状態から覚めることができる。

まだつづけたいなら、太陽神経叢に意識を集中する。肺と胃の中間あたりだ。外に出た魂と太陽神経叢が見えない臍《へそ》の緒《お》でつながっているのがわかるだろう。生まれたての赤ちゃんが母親とつながっているように。太陽神経叢から、魂を上方に放射する。アストラル放射された肉体が宙に横たわった姿勢で空中浮揚しているみたいにずんずん上にあがっていくのをヴィジョンで見る。このとき、重さも方向感覚も失って宙に浮かんでいるように感じるだろう。魂のアストラル放射をつづけ、肉体から遊離しているようすを見よう。多くの体験談では、この段階で、肉体の上方に魂が吊り上げられているような感じがして、眠っている部屋を実際に見ることができるようだ。それから意識を使って、アストラル放射した身体（魂）をまっすぐに立たせる。最後にまた意識の力で、魂を上方に放射する。このとき、アストラル放射した身体が眠っている肉体から完全に外に出るよう、意識を集中しつづける。

7 眠っている肉体から、アストラル放射した身体が完全に離れたら、もう意識の力を使う必要はない。あなたはアストラル放射の第二段階に入ったのだ。意識を失って、深いトランス状態のようになって眠っている。ここからの体験は、生々しい夢のように感じるだろう。過去の次元を漂うかもしれない。別の時代へ行って別の人になるかもしれない。あなたの魂が記憶している前世に行くこともある。意識の画面には人びとの顔や、華々しい体験、誰かとの出会いや会話が次々と映り、あなたの感覚は圧倒されるだろう。

8 別の次元のアストラル旅行をじゅうぶん楽しんだら、そろそろ眠っている肉体に戻ったほうがよいとわかる。ときには意識がかすかに残っている場合もあり、いま夢を見ているのだと感じるだろう。眠っている肉体に戻りたくなったら、はっきりと指令を出す。「眠っている肉体にすぐに戻れ。体験したヴィジョンはすべて覚えておくように」。これは体内復帰のプロセスである。眠っている肉体に魂が戻り、肉体を目覚めさせる。アストラル界から、物質世界の肉体に戻るのだ。

9 アストラル放射練習の次のセッションは、同じく夢遊状態になる方法を使うが、その前に魂になにをすべきか指令を出しておく。アストラル飛行で行きたい時代や場所をえらぶのだ。どの時代でもよい。四次元の世界では、すべての出来事が波動の領域にすでに記録されているからだ。たとえば、古代ギリシアのパルテノン神殿や、古代エジプトのギザのピラミッドを建設している最中にも行ける。古代インドやチベットに行って、自己実現の神秘を探ることもできる。もっといろいろ、創造的な旅を自分で企画してみよう。金融相場の天才に相談してみるなど、望みどおりのことができるのだ。

Example　バハマ諸島へアストラル飛行してリッチになった女性

受講生のある女性が、アストラル飛行を体験した。まわりを青い海に囲まれた島へ行ったのだ。海岸にはヤシの木が並んでいた。白砂が陽光を反射する海岸はどこまでもつづき、建物も人も見えなかった。その一年後、グランドバハマ島にバカンス旅行したとき、アストラル・ドリームで見たのと同じヤシの木の海岸を見つけた。彼女はサイキックな直観に導かれて、海辺の未開発の土地を買った。旅行から戻ってからも、土地のローンを毎月、小額ずつ支払いつづけた。数年後、グランドバハマ島では観光客が急増し、西半球のモンテカルロとなった。女性が買った土地は大幅に値上がりし、土地を売った代金で引退生活が送れるようになった。

10 アストラル飛行では、行きたい時代をえらべるし、有名人と話すこともできる。エリザベス一世、シェイクスピア、ソクラテス、レンブラント、リシュリュー、ディズレーリ、ミケランジェロ、コロンブス、レオナルド・ダ・ヴィンチらと会話もできる。彼らの思考やインスピレーションは、過去の時空の次元にいまなお存在しているからだ。波動が死滅することはないので、歴史上の人物の思念波をつかむことができる。まだ生きているみたいな彼らと話ができるのだ。そして彼らから価値ある情報をもらい、あなたの人生に活かすことができる。

11 サイキック夢遊状態では、特定の出来事に関してアストラル界の思念波を受け取ることができる。宇宙の記憶庫には、時が始まってからのあらゆるアストラル・イメージの複製が収められている。あなたの体験したい出来事やほしい情報が収められており、それをアストラル放射中に手に入れることができる。

発明に関する情報がほしいならば、サイキック夢遊状態になり、発明家のアストラル・イメージを呼び出そう。エディソン、ホイットニー（綿繰機）、マコーミック（刈り取り機）、アレクサンダー・ベル（電信電話）などだ。

すばらしい物語や劇を書きたいなら、バルザック、シェイクスピア、ディケンズ、ホーソン、オニールなどの精神をアストラル放射で呼び出そう。

哲学を理解したいなら、ソクラテス、アリストテレス、ヒュームやカントの思念波を呼び出そう。

すぐれた絵画や彫刻に触れたいなら、ミケランジェロ、ロダン、英国の肖像画家ゲインズボロ、レンブラント、レオナルド・ダ・ヴィンチやマティスの思念波を呼び出そう。こうした天才の思念波はいまでも宇宙の記憶庫に残っている。あなたの魂は増幅器や映写機となって、天才の霊感にみちた思考を映し出し、創造的な活動に利用することができるのだ。

偉大な作曲家や演奏家から刺激を受けたいなら、ベートーベン、ショパン、モーツァルト、バッハやプッチーニを呼び出そう。すぐれた歌手になりたいのなら、カルーソー（イタリアのテノール歌手）、メアリー・ガーデン（米国のソプラノ歌手）、エツィオ・ピンツァ（イタリアのバス歌手）などだ。

12 アストラル放射で話をしたい相手の生涯について調べておこう。彼らの習慣、考え、態度をよく知っておき、あなたの魂が彼らの波動にうまく引き寄せられるようにする。相手から思念波が来たら、相手の波長に合わせる。あなたのアストラル飛行軌道の中に、相手とその創造的なアイデアを引き寄せよう。

13 自動書記や描画などの創造的な才能も、アストラル放射によって得られる。このアストラル通信は、目覚めているときに生じる。サイキック瞑想中にも起こる。創造的な仕事を助けて欲しい相手の思念波を求めたときに起こるのだ。

こうしたアストラル通信は、電信装置が自動的に文を伝えるように、メッセージを伝える。

電信では、遠隔地であっても、メッセージは瞬時に電気インパルスとなって別の受信装置に伝わる。受け取った装置はメッセージを文として複製する。まるで亡霊の指がタイプしているように。こうした通信システムでは、多くの機械によって全国各地で瞬時にメッセージが伝えられる。株式市場の自動印字装置チッカーテープも同じ原理で働き、全国のオフィスに同時に情報を伝える。電気インパルスを受け取った装置は、文字や記号にして印刷する。

アストラル放射による自動書記や描画

サイキック瞑想で自動書記や描画をしたいときは、情報がほしい事柄を意識に置き、やって来る刺激を記録できるようにしておく。自動書記をはじめるには、紙と鉛筆を使うとい。最初はタイプライター（ワープロ、パソコン）は使わないほうがよいが、慣れてくればパソコンを使ってもうまくいくようになる。特定の問題について具体的な答を求めよう。物語、小説、シナリオ、テレビ、映画などのアイデアを求めてもよい。それから紙に文字を書いて、自動書記を開始する。書きたくなったら、なんでもやって来たものを書く。詩や物語が来るときもあれば、とくに意味がなさそうなメッセージが来るかもしれない。だが初期のセッションで大切なことは、とにかく交信をつづけることだ。そのうちに価値ある重要なメッセージを受け取れるようになる。

次のように、自分に関する具体的な質問をしてみよう。

転居すべきか？
支払いのためのお金をどこで手に入れたらよいか？
この仕事に替わるべきか、転職しないほうがよいか？
私と共同事業したいという人を信頼してもよいか？
人格を向上させるにはどうしたらよいか？
製品の売上をふやすには？

用意した紙のいちばん上に、情報がほしい質問を書こう。それからサイキック瞑想に入り、意識を静め、なんでも来るものを受け取る。びっくりするような情報がやって来るだろう。

Example　アストラル放射でビジネスの導きを受け取った

ある男性がアストラル自動書記を使って、事業でもっとお金を儲ける方法を尋ねた。紙と鉛筆を持ってサイキック瞑想に入り、宇宙精神からのアストラル放射を待った。すると鉛筆が動いて紙に文字が現れた。「バスに乗る――バスに乗る――午後四時」。メッセージの意味はわからなかった。だが男性は四時ごろバスに乗ることにした。そしてバスの中で、男性が希望していた事業の共同経営者を捜している人に出会ったのである。男性が時計を見ると、ちょうど午後四時だった。

第9章のサマリー

1 サイキック夢遊状態は遠隔地に魂を放射し、宇宙の記憶庫から思念波、アイデア、イメージを受け取るのに用いる。

2 人間の魂は、宇宙で別の魂とサイキックに波長を合わせ、アストラル通信を受けることができる。

3 サイキック夢遊状態で、ベトナム戦争で負傷した息子のアストラル放射を受け取った母親。

4 未来の出来事を、アストラル飛行中の魂を使って予告する。

5 人間の魂は宇宙の魂の一部であり、アストラル飛行中に別の時空に放射できる。

6 パールハーバーで戦艦アリゾナ号が撃沈されたアストラル・ヴィジョン。

7 運命パターンを魂は知っており、サイキック夢遊状態で正確に予言できる。

8 目覚めているときにアストラル・ヴィジョンを使って事故を回避した医師。

9 サイキック夢遊状態を使ってアストラル放射を引き起こし、魂に記憶させておく方法。

10 目覚めているときに自動書記やアストラル電信を使って価値ある情報を受け取る方法。

11 自動書記を使って問題を解決する方法。

第10章
サイキック・エネルギーで権力、名声、健康、安全を手に入れるには

あなたの脳と身体にはサイキックなエネルギーが流れている。それにアクセスしてより大きなパワーを手に入れ、人生のあらゆる面を高めることができる。より健康で若々しく、活気にみちた人生を手に入れるために、サイキック・パワーにアクセスできるのだ。

サイキック・エネルギーを放って名声や財産を引き寄せ、将来の安全を確保することもできる。

あなたの中にある、膨大なサイキック・パワー

脳と身体の細胞には膨大なサイキック・エネルギーがひそんでおり、それを通して宇宙精神のすばらしいパワーに波長を合わせることができる。

人間が将来のために小麦、トウモロコシ、冷凍肉、野菜などの食料を保存できるように、宇宙精神も、予備のサイキック・エネルギーを備蓄できる。それを緊急時や、創造的なことをしたいときに取り出して利用できるのだ。

人生において精神的、肉体的、そしてスピリチュアルなパワーがほしいときには、宇宙の膨

大なサイキック・エネルギーとつながることができる。サイキック・エネルギーとつながることによって、キャリアも名声も財産も手に入れられる。身体の細胞に活力にみちた健康なエネルギーを貯えて、いつまでも若々しくいられる。有意義な人生を歩み、能力を保ったまま長生きできる。不安と恐怖の時代にも、最大級の安全を確保できる。サイキック・エネルギーにアクセスすれば、ダイナミックなサイキック・パワーの防御壁に守ってもらえる。この防御壁は未来の危険を避け、すべての否定的なものからあなたを守ってくれる。

天才はたいてい、サイキック・エネルギーを持っていた

歴史上の天才はたいてい、こうしたサイキック・パワーを持っていた。天才がサイキック・パワーをふんだんに持っていたことを示す五つの要素がある。

1 天才はみな、活力とエネルギーにみちあふれ、三、四人ぶんの創造的な仕事をした。

2 普通の人よりも少ない睡眠時間で足りた。パワーを補充し、疲れを減らし、疲労や病気からすばやく回復させるサイキック・エネルギーの泉を備えており、そこからパワーを引き出していた。

3休みなく探求する精神を持ち、真理、美、インスピレーションを絶えず求めつづけ、創造的な才能を使ってそれらをほかの人に伝えた。

4ある種の予言やサイキック・ヴィジョンの能力があり、限られた人生ではなく永遠という見地からものを見ることができた。そのため創造的な仕事にもっとサイキック・エネルギーを取り込むことができた。

5強いサイキックな意志を持ち、凡庸な限界を超えて行った。行く道を邪魔され意気をくじかれても克服し、名声や財産へと導かれた。

前向きな指令によってサイキック・エネルギーを解き放つには

すべての生き物は、前向きな指示を使って、宇宙にひめられたエネルギーを呼び出すことができる。土中に眠るドングリもなすすべもなく死んだりはしない。自分にひそむサイキック・パワーに指令を送り、命をつなぐのに必要なものを引き寄せる。やがて大きなカシの木にまで育つのは、ドングリに貯えられたサイキック・エネルギーが、前向きな指令によって解き放たれるからだ。

あなたも脳と身体の細胞に貯えられたサイキック・エネルギーを、前向きな指令によって解き放つことができる。前向きな指令は、人生のあらゆる面にすばらしいパワーをあふれさせてくれる。

人生で解き放たれる六つのサイキックな意志

❶健康と長寿のサイキックな意志
❷幸福と心の平和のサイキックな意志
❸富と成功のサイキックな意志
❹愛の成就と結婚のサイキックな意志
❺創造的な才能のサイキックな意志
❻安全確保のサイキックな意志

脳のサイキック・センターは、生命力とエネルギーの指揮者である。人生のあらゆる面で、サイキック・パワーを意識に呼び出すことができる。それには毎日、前向きな指令をサイキック・センターに送って刺激すればよいのだ。

六つのサイキックな意志を解き放つ方法を知ろう。サイキック・パワーを呼び出すサイキックな意志を高める方法をまなぶのだ。

サイキックな意志をかきたてて生命力と健康を得るには

宇宙のすべての細胞には、「生きたい」というサイキックな意志が備わっている。だからあなたも脳のサイキック・センターに指示を送って創造的なエネルギーを解き放ち、健康と長寿を手に入れることができる。

1 静かにサイキック瞑想し、サイキックな生きる意志を呼び出す。それには意識を静め、完全な健康体のイメージに意識を集中してサイキック・センターを開く。次のような前向きな言葉をくり返し、サイキックな意志を強める。

＊私は生命とエネルギーである。
＊私は若さとヴァイタリティである。
＊私は健康と強さである。
＊私の細胞に宿る生命力はいま、浪々と流れ、すべての否定的な妨害から私を守る。
＊私はいまサイキックな生きる意志をかきたて、天命を果たし、正しい運命を実現させる。

2 導きを求めてサイキックな瞑想をしているときに、もっと健康になるための質問リストを書き出す。次のような質問をする。

A 生きる意志をどうやってかきたてるか。
B 健康を得てそれを維持するには、どんなステップを踏めばよいか。
C 健康でいるためにどんな食事をとればよいか。
D 身の安全を守るために、危険や脅威をどうやって避けるか。
E 心身に備わる生命力とサイキック・エネルギーを放出し、エネルギーと若さを保つためにはどうするか。
F 医薬品を使わず身体器官を完全に機能させるには、どんなステップを踏めばよいか。
G 疲れたとき、心身のエネルギーをどうやって回復させるか。
H 一一〇歳以上に寿命を延ばし、熟年になっても有能かつ能率的でいられるにはどうしたらいいか。

生きるというサイキックな意志をかきたてながら静かに座って、質問の答を待つ。答はその場に来ることもあれば、ほかのことを熱心に考えているときに来る場合もある。サイキック・センターはさまざまなやり方で答を指示にして送ってくる。

健康や食事に関する本に望む情報が載っていると教えられるかもしれない。ビタミン、ミネラルなどの身体が必要とする栄養素を含む食品をとれと勧められるかもしれない。

こういう気候の土地に行ったほうがよいと直観でわかるかもしれない。アリゾナでも、カリフォルニアでも、フロリダでも、あなたの健康に役立つ場所だ。

知人のある女性が重い気管支炎を患い、どんな治療も効果がなかった。そこで彼女はサイキックな瞑想で問題を解決することにした。サイキックな覚醒度が高まったとき、アリゾナ州フェニックスへ行けという声がはっきり聞こえた。その地の気候には、彼女にぴったりのヒーリング・パワーがあるという。夫を説得してアリゾナへ転居して三ヵ月もたたないうちに、彼女はずいぶん健康になり、正しい導きを受けたのだとわかった。

幸福と心の平和を求めるサイキックな意志を呼び起こすには

1 前向きなサイキック指令を自分に出して、脳のサイキック・センターを刺激しよう。センターは、幸福と心の平和に向かうエネルギーをコントロールしているからだ。
次の文句や、自分で考えた文句を、毎朝、目覚めて一日の仕事をはじめる前に数回、くり返す。その後も否定的な問題に取り組むときや、サイキックなエネルギーにみちた状態でいたいときに、くり返し唱える。


「私は今日という大切な日に、期待と喜びを持って、良いことが起こるのを楽しみにしています。私は幸福、平和、輝きを反射するものだけを見るようにします」

「私は宇宙の超越的な喜びと美の領域にある幸福を映し出します。すべての自然は、この生き生きした幸福のパワーにリズムを合わせています」

「私は今日、宇宙の永遠の生命流にアクセスし、私のすべての必要をみたすために波長を合わせます。私は喜びにあふれ、生命力をすべて自分でコントロールしています」

「サイキック・エネルギーを傷つける苛々、短気、怒りをおさえ、かわりに忍耐、冷静さ、自信を持って、今日起こるすべての問題に立ち向かいます」

2 小さなカードにサイキック・エネルギーを高める文句を書き、財布やポーチに入れて身につけ、一日に数回、見る。サイキック・センターの貯蔵庫からダイナミックなエネルギーの流れを瞬時に解き放つような言葉だ。たとえば「私は幸せだ」「私は愛に包まれている」「私はよいことを数え上げ、よいことに感謝する」「私は生命である」「私は知性である」「私は友とよいものを引き寄せる」「私は皆を愛し、サイキックな生命力が私を支えてくれる」などだ。自分にぴったりの言葉を考えてかまわない。

3 人間関係ではサイキックな「善の法則」を活用する。自分の幸福と善をほかの人と分かちあいたいという利他的な願いを持てば、他人からひたすら奪おうとする利己的な願望を抱いたときよりも、あなたは幸せになれる。善良な人間になり、よいことをすれば、宇宙の富と善の宝庫から、人生に幸せが流れ込んでくることがわかる。

富と成功へのサイキックな意志を刺激するには

真の豊かさには、さまざまな要素が含まれていることを、すでに本書でまなんできた。富と成功を人生のあらゆる面にもたらしたいというサイキックな意志をかきたてる方法は、宇宙の法則にもとづいている。これは重力や毛管引力の法則と同じく、確立された法則である。

1 静かに座って導きを求めながら、脳のサイキック・センターに次のような指令を送って、リッチになりたいというサイキックな意志をかきたてる。

「私は宇宙の富と豊かさの法則を確信しています」

「自然界に貧困はありません。豊かさと善があるだけです」

「私はいま、リッチになりたいという願いでサイキック・センターを刺激しています」

「建設的な目的のために必要なので、私にお金をください」

「家、車、宝石、株式、土地などの物質的な富を、私の慰め、安全、喜びのためにください」

「いまサイキック・エネルギーを、将来と現在に富をもたらすアイデアや方法に集中するよう刺激しています」

2 成功してリッチにしてくれる人物、状況、条件を、あなたの人生に引き寄せるサイキックな磁力の法則を使おう。まず、引き寄せたいもののイメージをサイキック・センターの画面に集中する。それから願望と信頼の法則を呼び出し、サイキック・センターを刺激する。そうすればビジネスにおいて最適な連絡、投資、行動をするよう導かれ、願望充足に最適な人物を引きつけることができるだろう。

3 サイキック加速の法則を使う。この法則は自然界では、宇宙精神が土中の種に早く成長して実ってほしいときに用いる。小麦やトウモロコシは、陽光や水を断たれたら枯れてしまう。あなたのサイキック・センターにも同じことが起こる。サイキック・センターにも、毎日の生活でつねに新鮮で意欲をかきたてる暗示を送らなければならない。でないと、あなたがせっかくまいたサイキックな種を、豊かに実らせることはできない。

これが、「サイキック加速の法則」である。正しく使えば早く豊かになれ、富がたちまち現れる。イエスもこの法則を使ってパンと魚を何倍にも増やし、多くの人に与えた。

4 「サイキック錬金術の法則」を使う。あなたのアイデアを黄金に変えるのだ。労働やサービスを、世界をより豊かにするお金や製品に変える。サイキック・エネルギーを創造的な音楽、美術、文学、発明に変える。こうした作品は人類全体を豊かにするし、あなたも豊かになれる。

Example　サイキックな導きを確信していた未亡人

五〇歳の未亡人が、安定した収入を必要としていた。夫の遺産はなかったからだ。未亡人はビジネスの訓練を受けたことがなかった。彼女はサイキック瞑想をし、サイキックな方法を使って導きを求めた。数日後、ニューヨークの街を歩いているときに答がやって来た。「ステノタイプ速記学校」という看板を見たのである。彼女はなにかにかられ、ビルの階段を昇って事務所へ向かった。そしてステノタイプ速記の講座に登録した。数週間後、ある判事が結婚退職する人の代わりに新しい速記者を捜していると友人が教えてくれた。未亡人は若くはなかったが応募して採用された。「サイキック錬金術の法則」が効果をあげ、彼女はサービスをお金に変えたのだ。

愛の成就と結婚を求めるサイキックな意志

だれでも、愛が実って結婚できるようにつくられている。自分の家族をつくり、神が与えた繁殖の機能をみたすようにできているのだ。愛の成就を求めるサイキックな意志は、毎日、次のセッションをやって刺激することができる。

1 愛のサイキック法則を使う。神が人類のため、宇宙に与えてくれた法則だ。だが、脳のサイキック・センターに、愛とは反対の憎しみを送れば、愛という豊かな祝福を受け取れなくなる。

Example 医師も見放した女性が助かった

知人の女性が重病にかかり、医師も助かる見込みはないと考えていた。どんな薬も療法も効果がなかった。彼女はセミナーを受講し、私に打ち明け話をした。数年前、夫が若くてきれいな女性と不倫して、妻である彼女を捨ててから、苦しみと憎しみでいっぱいになったそうだ。

私はこの女性に、愛と許しの法則の使い方を教えた。夫と若い女性には自分たちの運命を生きるにまかせるのだ。女性は、出会った人すべてを祝福しはじめた。愛にみちた微笑を降り注ぎ、世界に忍耐強く接した。二ヵ月もしないうちに、女性のすべての症状が消え、なんと腹腔にあった大きな腫瘍が、X線撮影で拳ほどの大きさに縮んだことがわかった。やがて腫瘍は完全に消えたらしい。まさにサイキックな意志が、愛にみたされた女性にヒーリング・パワーを放ち、奇跡を起こしたのだ。

2 愛の成就と結婚へのサイキックな意志を確信する言葉を、毎日サイキック・センターに送る。

すると愛を成就させるのに必要な導きが送られてくる。毎日、次の言葉をつぶやこう。朝、目覚めたときがよい。サイキック・センターを刺激してくれる言葉だ。

「私は今日、いついかなる瞬間でも愛が癒しをもたらすパワーであることを確信します」

「出会う人すべてに愛を注ぎます」

「憎しみ、嫉妬、恨み、妬みの障壁を取り払い、意識を共感、理解、寛容、許しといった愛のパワーでみたします」

「私は今日、愛に値する人でいるよう努力します」

「私は宇宙の愛のイメージを意識に置き、愛にみちた行動で神と人類に仕えます」

4 理想の伴侶の条件をあげ、理想の人と会わせてくれるようサイキックな導きを求める。そうすればあなたとソウルメイトはサイキックに惹かれあうようになり、やがては二人の運命が出会う。

創造的な才能をもたらすサイキックな意志を呼び起こすには

地上のすべての人間に、宇宙の計画が定められている。この宇宙の計画は、動物、鳥、昆虫、植物など、細胞を持つすべての生物にまで広がっている。

創造的な才能をもたらすサイキックな意志を呼び起こせば、あなたの人生では突然、あらゆるすばらしい才能が花開く。絵も描けるし、物語、劇曲、作詞作曲、発明、発見、新製品開発などができるのだ。

歴史上の偉大な天才は、ひとりでいくつも才能を持っていた。ベンジャミン・フランクリンはすぐれた雄弁家、政治家、作家であるだけでなく、優秀な発明家でもあり、遠近両用眼鏡を発明している。

チャーチルは政治家、作家、画家、演説家であり、持ち前の才能で多くの人に影響を与えた。アイゼンハワーは偉大な将軍、大統領、作家であるとともに、才能豊かな画家でもあった。レオナルド・ダ・ヴィンチは画家、作家であるだけでなく、飛行機も発明した。

こうした偉大な天才は皆、才能と技術を開発してくれるサイキックな意志につながることを本能的に知っていたのだ。

1 創造的な才能をもたらすサイキックな意志を呼び起こすには、毎日一時間以上、創造的な瞑想に入り、サイキック・センターに次のような質問をする。

A 私の潜在能力をもっと解き放ち、才能を開発するにはどうしたらいいか？
B 私の仕事に役立つ知識や技術にどこで出会えるか？
C 私の人格を高め、行動と創造性のレベルを上げるには、どんなプロセスを使ったらよいか？
D 私の創造力を発揮するために、どんな表現方法をとったらよいか？

E 人生で文化的、創造的な目標を達成するのを助けてくれる重要人物に、どうやったら出会えるか?
F リーダーにふさわしい強くて魅力的な人格になるには、どんなステップを踏めばよいか?
G 知性を高め、創造性豊かですぐれた人物になるにはどうしたらよいか?

サイキックな意志はこうして答を与えてくれる

サイキックな意識集中を終えたら自分の仕事をはじめる。サイキックな意志があなたの望む創造的な才能をもたらしてくれると信じること。サイキックな意志は直接、導いてくれるか、才能開発法を教える本や、創造性発揮を助けてくれる人物に出会わせてくれる。

Example サイキックな意志で人生が一変した女性

米国中西部に住む主婦が、サイキックな意志を使って人生を変えた話をしてくれた。冴えない平凡な女性が首都ワシントンで社交界の花形になったのだ。弁護士の夫は、ふつうの生活を送り、ほどほどの収入を得て、小さな街の郊外に小さな家を建てて住む人生に満足していた。だが妻はサイキックな意志を使い、直観に導かれて話術講座でまなびはじめた。パーソナリティの開発などをまなぶ講座だ。彼女はワシントンで社交界のホステスとして活躍する自分をヴィジョンにした。だが無名の人生から首都社交界の花形へと高く飛翔する方法はわからなかった。それでも文化や芸術の勉強をつづけた。政治に関する本を読み漁り、政界で活躍した男女の生涯についてまなんだ。全国誌を定期購読して最新情報を手に入れ、演劇、文学、医学、化学、ビジネス、経済の現状に精通した。直観に導かれて、マナーや接待術を磨きあげ、魅力的な人物になるよう努力した。

彼女はある日、州選出の著名上院議員が、彼女の住む街の大学にやって来るという記事を読んだ。そこで議員の宿泊先を調べた。直観に導かれて彼女は議員に手紙を書き、自宅での夕食に招いた。彼女がたいへん魅力的なもてなしをしたので、その夜、議員は彼女の夫に、選挙に出馬すべきだと勧めた。ちょうど州選出のもう一人の上院議員が、老齢と病気のために引退しようとしていた。招かれた議員は、社交の巧みな妻を持つこの弁護士が選挙に楽勝するだろうと感じたのだ。

数ヵ月以内に、新しい上院議員をえらぶ投票が行なわれ、サイキックな意志で創造的な才能を開発した妻を持つこの弁護士が当選した。夫妻は首都ワシントンに転居し、妻は首都社交界の花形となった。妻がサイキックな意志についてまなんでいなかったら、はたして夫は出馬する気になっただろうか。

宇宙の発展の法則を使って、サイキック・センターに創造力を発揮させよう。知識、パワー、知恵、文化や芸術作品をつねに意識に置くようにすれば、サイキック・センターに創造的な刺激が与えられ、創造的な才能が奔流のように流れ出す。良書を読み、ポップスだけでなくクラシック音楽を聴こう（ポップスにはあまり質の高くないものが多い）。美術館ですぐれた美術作品を鑑賞しよう。サイキック・センターに自然の美を刻み込もう。こうした高次の波動があなたの夢の絨毯《じゅうたん》を織り成す糸となり、やがては人生を築く完璧な設計図を与えてくれる。

安全と永続性をもたらすサイキックな意志を呼び起こすには

はかなく移ろう世の中で、誰もが将来の安全を求めている。だが変化と混乱にみちた世界で将来の安全を手に入れようとしても空しい。いま、史上でももっとも進歩の早い時代に人間は生きており、地球を征服しただけでは飽き足らず、宇宙にまで手を伸ばしている。アメリカは世界でいちばん裕福な国なのに、かつてなく不安定で、心や身体の病気、少年非行、犯罪、薬物中毒が増えている。

いったいなぜ、裕福なのに不幸が蔓延しているのだろうか。

それは人間が、魂の求める真の安全を獲得していないからだ。内なるサイキック・センターに目を向け、人生で真に価値あるものへと導かれようとしない限り、戦争、薬物、貧困、政治闘争などの問題を克服できない。しかしあなたが自分の人生にサイキック・エネルギーを解き放つ方法をまなべば、しだいにさざなみのように、ほかの人にもサイキック・パワーが放射され、彼らにも宇宙の秩序、調和、運命成就がもたらされるのだ。

1 一日三〇分以上、物質世界から離れてサイキック瞑想し、あらゆる生命を支える宇宙精神のパワーに意識を集中する。宇宙精神はスピリチュアルなパワーである。外界の暴力や混乱にも動揺せず、あなたの頭と心を傷つけずにいれば、このパワーにアクセスできる。あなたを動揺させるすべての破壊的な力に立ち向かうために、この方法をくり返しまなぼう。

「これもそのうち過ぎ去っていく」

この文句をカードに書いて財布やポーチに入れておき、自分が惨めで不安になり、重荷を背負いきれないと感じたら、つぶやこう。

2 安全と永続性をもたらすサイキックな意志を高める、次の文句をとなえよう。起床時と、必要だと感じたときにはいつでも、あなたの状況にぴったりの文句をくり返そう。

「私はいま、スピリチュアルな山の頂上にいます。地球の重力は届きません。私の問題や恐怖や心配は色あせ、いまは永遠で無限の地平線を覗いています。あるのは平和と幸福と安全だけです」

「私は魂の大聖堂に入ります。そこでは善、愛、美と調和の聖なる祭壇にサイキック・エネルギーが貯えられています。この領域で、私はすべての軋轢《あつれき》、不和、分裂の痛みを癒されています」

「私はいま、自分のサイキック・センターに一日を生きる強さとパワーを引き寄せ、人生の嵐に耐える力をもらっています。私は強くて活気にみち、真理と信仰の黄金色の光を浴びて、すべての問題や不安を解決できます」

3 破綻のときにも生き残るスピリチュアルな価値の上に人生を築こう。帝国や王国が衰退し、征服者の剣が腐食しても、詩人の霊感にみちた言葉、荘厳な古典美術や音楽、哲学の偉大な概念、文学作品の美とインスピレーション、預言者のスピリチュアルな言葉などは、宇宙のインスピレーションの源であり、永遠に滅びることがない。パワーを生み出す唯一の源であり、栄枯盛衰の世においてただ一つ永遠をもたらすものである。

第10章のサマリー

1 脳と身体の膨大なサイキック・エネルギーを使って権力、名声、健康、安全を手に入れる。
2 歴史上の天才がサイキックな方法を使って偉大な作品を創造した方法。
3 前向きな指令のパワーが、創造的な目的のためにサイキック・エネルギーを解き放つ。
4 六つのサイキックな意志を使って、運命を実現する方法。
5 生きたいという意志が、どんなふうに生命力をかきたてるか。
6 幸福と心の平和を求めるサイキックな意志。
7 富と成功を求めるサイキックな意志をかきたてる方法。
8 夫を亡くした未亡人が、サイキックな意志をかきたてて経済的な独立を果たした話。
9 愛の成就と結婚を求めるサイキックな意志をかきたてる方法。
10 創造的な才能を求めるサイキックな意志を刺激して、創造的な表現をする方法。
11 人生で安全と永続性を求めるサイキックな意志をかきたてる方法。

サイキック霊媒で
日常の問題を解決するには

人生のあらゆる場面で、宇宙精神のパワーを伝える霊媒にあなたもなれる。

霊媒とは、自分の意識や意志を超えた高次のサイキック・パワーを受け取り、それを建設的な目的に役立てる人のことだ。

顕在意識の力では解決できない問題に悩んでいるなら、サイキック霊媒の力を使って問題解決する方法をまなぼう。建設的な目標を達成する経路へと導いてもらえる。

樹木は人間の助けを借りなくても、土中から栄養を吸い上げ、枝、樹皮、葉、花や実をつくることができる。樹木もサイキック霊媒を使って、すべてを知る宇宙精神にアクセスし、成長するための方法を教わっているのだ。

多くの人がサイキック霊媒を使って問題を解決している

多くの人がサイキック霊媒を使って日常の問題を解決し、天命成就に立ちふさがる邪魔を克服している。だがたいていの場合、宇宙のサイキック・パワーにアクセスして思考やインスピレーションを受け取っているとは気づいていない。このサイキックな助けは、ほかの人の心から来ることもあれば、自分のサイキック・センターからやって来ることもある。

りできるのだ。

あなたもサイキック霊媒のパワーを使って、人生の問題を克服したり、友人や家族を助けた

サイキック刺激器を使うには

宇宙精神に助けてもらいたい問題をえらんだら、次の六つのサイキック刺激器を使って、霊媒のセッションを行なうことができる。サイキック・センターに次の六つの刺激器（疑問符）を使った質問をするのだ。

❶なぜ?
❷どうして?
❸どこで?
❹なに?
❺いつ?
❻誰?

これで大きな問題に取り組む準備ができた。次にサイキック霊媒で解決したい問題を具体的にえらぼう。次にあげる問題1から9のどれに属するかをえらび、そこ書かれた手順に従う。静かに座り、サイキック・センターを刺激して、宇宙精神からの情報を待つ。

問題1　お金がない

貧乏にまつわる問題

すでにまなんだやり方でサイキック瞑想に入る。紙を用意し、アドバイスと導きがほしい大きな問題を書く。お金の問題では、たとえば次のような質問だ。

「お金の問題をどう解決したらよいでしょうか？　私は○○○が必要です（必要な金額を書く）。借金を返すために、もっとお金を手に入れる方法を知りたいのです（住宅や車のローンを払うため、家具を買うためなど）」

この質問について、三〇分以上、瞑想する。六つのサイキック刺激器を使って、サイキック・センターを刺激してダイナミックに働かせる。宇宙精神に、次のような質問に答えてくださいと頼む。六つの刺激器を使った質問にすること。

❶必要なお金をどこで手に入れたらよいでしょうか？
❷私が持っているものを、どうやってお金に変えられますか？
❸もっとお金を稼ぐために、私のどんな才能が使えますか？
❹問題解決のために、誰を頼ったらよいでしょうか？
❺なぜわたしには限界や欠乏があるのでしょうか。成功してリッチになるにはなにをしたらよいでしょうか？

❻いつ、この問題を解決できるでしょうか？

Example　保険セールスマンの体験

サイキック霊媒を使って問題を解決した例として、ニューヨークのセミナー受講生だった保険セールスマンの体験をあげよう。この男性は保険契約をとるのが下手で、家族の生活費をじゅうぶん稼げないでいた。だがサイキック霊媒法をまなんで瞑想し、サイキック刺激器を使った。すると次の情報がやって来た。

「話術の夜間講座に参加しなさい。あなたには魅力、自信、落ち着きが足りない。もっと活発になって笑顔やジョークの練習をしなさい。保険の話はせずに、相手の家族、仕事、趣味や興味のある事柄について話しなさい。保険はおまけとして売るのだ。受け取る給付金について押しつけがましく説明せず、家族の安全、子どもの教育、明るい未来など、相手と家族を引き寄せる話をするのだ」

三ヵ月もしないうちに、保険の売上が二五パーセントも上昇した。会社で年間保険売上第一位を獲得し、その後も快進撃をつづけ、昇進と昇給だけでなく、多額の契約締結手数料も手に入れた。

もしこの男性が顕在意識を使って問題を解決しようとしていたら、無意識からの障害に邪魔されていただろう。男性のサイキック・センターは、なにが問題かを見て取り、売上増加に役立つアドバイスを即座に送ってくれたのだ。

問題2　病気と事故にかかわる問題

誰の人生にも、病気や事故に悩まされる時期がある。いかに宇宙精神とつながっていても、私たちは生命や身体の危険にみちた世界に生きており、病気になる原因にも囲まれている。たいていの場合、宇宙精神とつながって健康を維持することができるが、それでも病気や事故に見舞われた場合は、サイキック・パワーに導きを頼もう。

静かに座って、前に述べた方法を使って、紙に宇宙精神に聞きたい質問を書く。六つの刺激器を使った質問にする。

❶わたしはなぜ、病気になったのでしょうか？
❷この病気をどうやって治せますか？
❸どこに助けを求めればよいでしょうか。
❹病気の原因はなんでしょうか？　病気を治すにはなにをしたらよいでしょうか？
❺いつ、もとの健康にもどれるでしょうか？

❻治療のため、誰のところへ行けばよいでしょうか？

もちろん、質問は好きなように組み合わせられる。載せたのは一例である。病名をあげて具体的な質問をし、明確な答えを求めてもよい。

たとえば、頭痛、高血圧、気管支炎などなら、次のような質問に変えられる。

頭痛ならば――

「私の頭痛の原因は？」

「頭痛をどうやって治したらよいでしょうか」

「頭痛を治すために、誰に診てもらえばよいでしょうか」

「どんな食事にしたらよいでしょうか」

気管支炎ならば――

「気管支炎を治すには、どこに住めばよいでしょうか」

「私の症状には、どんな食事がよいでしょうか」

「私の症状を、誰が助けてくれるでしょうか」

「気管支炎の原因は？」

Example　原因不明のアレルギーが治った

ニューヨーク・セミナーのある受講生が、喘息《ぜんそく》と気管支炎に悩まされていた。その女性は長年、息ができないほどの喘息発作に苦しんでいた。多くの医師にかかり、アレルギーが原因だとわかった。なにのアレルギーかを調べるため、埃《ほこり》、花粉、犬の毛、食品など、アレルギー源かもしれない物質の注射を一〇〇回以上も受けたが、原因を突き止められなかった。そこで女性はサイキック瞑想をして、明快な答を受け取った。結婚するとき、女性には別の恋人がいた。だが恋人の給料は安く、いまの夫の方が経済的には頼りになるように思えた。そこで女性は「生活費」と結婚し、人生でこよなく愛した男を捨てたのだった。女性の内なるサイキックな声は、元恋人を捨てたことを後悔して夫を恨むなと告げた。夫を愛して敬い、幸せにしてやれと勧められたのだ。

人生の現実を受け入れ、女性はサイキック・センターからのアドバイスに従った。二ヵ月もしないうちに、喘息と気管支炎の症状がすっかり消えた。彼女は癒されたのだ。

問題3　ビジネスと人間関係にまつわる問題

この分類には、仕事、仕事での失敗や軋轢、投資など、ビジネス、成功、お金、将来にかかわるすべての問題が含まれる。

六つの刺激器を使って、次のような質問をしよう。

なぜ私はビジネスで成功しないのか?
私の天職はなにか?
天職につくのに、誰が助けてくれるか?
私の潜在的な才能を、どうやったら活かせるか?
私に最適な環境はどこか?
いつ投資の成果があがるか? どうやって投資の成果を上げられるか?
なんの株を買えばよいか?
事業拡大の資金をどうやって調達するか?

Example 失業問題を解決した

自分の境遇にあった質問をしてよい。質問を書いたら、サイキックな答がすぐに来るかどうか待ってみる。しかしだいたいにおいて、答や導きはあとからやって来ることが多い。

ある画家の例を紹介しよう。この男性は南カリフォルニアで建設業に従事しており、仕事は多く、収入も安定していた。だが不景気になるとリストラされた。妻と五人の子どもを養わなければならない男性は、ヴィジョンによってサイキックな導きを得た。半ば眠った状態で、車体に自分の名前を書いた小さなトラックのヴィジョンを見た。名前のほかに「画家、室内装飾家」とも書いてあった。

サイキック瞑想から覚めた男性は、なけなしの数百ドルで中古の小型バンを買い、ヴィジョンで見たとおりに車体に文字を書いて走らせた。名前と電話番号を記した名刺も作った。ほどなく受注が殺到するようになり、四人のアシスタントを雇うまでになった。一年後、男性はカリフォルニア渓谷でも有数の画家兼室内装飾家となり、トラック四台を買い、美しい家（しかもプールつき）まで手に入れたのだった。

サイキック・センターは、あなたが自覚しているよりももっと、あなたの潜在能力について知っている。だから得意分野で成功してリッチになる方法をアドバイスできるのだ。

瞑想中でもしばらく後でも、なにかをせよという答が来て、それが思いもよらないアドバイスだったらどうするか？ サイキックな導きに素直に従うか、それとも顕在意識の判断を優先させるか？ サイキック・センターは、あなた自身の好みや能力とは異なる導きはしない。あなたにはなにができるかをちゃんと承知しているので、サイキックな導きに従って失敗することはないといってよい。

問題4　人格障害、自意識過剰、劣等感、欠点などを克服する

人格障害にはいろいろなタイプがある。自分にはどんな問題があるかを自覚し、それをはっきりと紙に書く。また、もっと活動的、魅力的で精力的になりたいなどと書いてもよい。有能なセールスマン、すぐれたリーダー、エグゼクティブなどでもよい。

人格障害を克服したいなら、六つの刺激器を使って次のような質問を書く。

自意識過剰と劣等感をどうやって克服したらよいか？
活動的で魅力的になるにはどんなステップを踏めばよいか？
強くてすぐれた人格になるために、誰が助けてくれるか？
人格の成長をめざすには、どんな本を読めばよいか？
話し方、発声法、話術をまなぶにはどこへ行けばよいか？
いつになったら新しい人格で行動し、天命を成就できるようになるか？
セールスマンとして成長するにはどうしたらよいか？
人生の目的達成を助けてくれる重要人物には、どこで出会えるか？

紙を用意してサイキック瞑想に入り、質問をしたら、やって来た答はすべて書き留める。瞑想中に明快な答が来なかったら、自分の仕事に戻る。後になって求める情報が書いてある本や、答を教えてくれる人に出会ったりするものだ。刺激を受けたサイキック・センターが、

解決策を与えてくれるような勉強、研究をするよう仕向けてくれるかもしれない。

問題5　喫煙、飲酒、先延ばし、怠惰、ギャンブル、浪費などの悪い習慣を克服する

良くない習慣は、ここに挙げた例にとどまらない。自分の習慣的な行動パターンは自分でよくわかっているはずだ。それが有害な習慣なら、サイキックな霊媒を使って習慣を変えるステップが使える。

克服したい習慣を書いたリストを持ってサイキック瞑想をする。サイキック・センターを刺激する質問リストをつくるのだ。質問には六つの刺激器を使おう。喫煙についての質問は次のようになる。

喫煙をつづけていると、私にどんな害が現れるでしょうか？
禁煙するには、どんなステップを踏めばよいでしょうか？
禁煙を手伝ってもらうには、どこへ行けばいいでしょうか？
禁煙は、どうやればよいでしょうか？
禁煙の効果はいつ出るでしょうか？
禁煙を誰が助けてくれるでしょうか？
禁煙したら将来、どんな利益があるでしょうか？

ここに挙げた良くない習慣の喫煙、飲酒、先延ばし、怠惰、ギャンブル、浪費などは、サイキック霊媒を使って同じように矯正することができる。破壊的な習慣は、魂の中にある否定的な条件が生み出しているものである。だから意志の力だけでは矯正できない。感情を安定させて強い精神力を発揮するには、サイキック・センターの導きが必要なのだ。サイキック・センターは、あなたにとって良いものと悪いものとを知っているため、こうした問題に対処する力を備えている。

問題6　家庭や職場の不一致や摩擦

家庭や職場で人間関係の摩擦が生じ、じっと耐えるよりほかにないようなときがある。そうしたときにも、サイキック・ヴィジョンに助けてもらえる。それはさまざまな解決策を知っているからだ。

なぜ私にこんな問題が起きるのか？
結婚生活での不和や摩擦を克服するにはなにをしたらよいか？
職場の仲間とうまくやっていくにはどうしたらよいか？
他人とうまくやっていくにはどんなステップを踏めばよいか？
短気、怒りっぽさ、恨みといった性向をなおすにはどうしたらよいか？
この苛々する状況は、誰のせいか？

どんな考えが湧いても、打ち消そうとはしないこと。サイキック・センターが、どんな考えを通して解決策を送ってくるかわからないからだ。

あるいはあらかじめ問題解決策を考えておき、それについて瞑想中にもっと情報を求めてもよい。

先にあげたような質問をすると、刺激を受けたサイキック・センターは、あなたにさまざまな形の刺激を返してくる。建設的な行動をするよう仕向けてくれる刺激だ。

Example　結婚生活の不和が解消した

知人の女性がサイキック霊媒法を使って、どうしようもないと思えた夫との不和を克服した。それまでこの女性は、この不和をどうしてよいかわからなかった。夫には、未亡人の母親がいた。結婚後、この姑《しゅうと》と同居することになった。姑は外国生まれで、家事のやり方にこだわっていた。また息子とは生まれた国が違う嫁をもらったことに不満たらたらだった。それでも結婚当初はなんとかうまくいっていたが、初めての子どもが生まれると、姑は祖国の育て方で教育すると言い張った。姑のすることなすことすべてが嫁の気にさわった。やがて夫婦は喧嘩に明け暮れるようになり、結婚生活の存続も危ぶまれた。姑は故国の言葉で孫を育てたがり、嫁は英語で育てようとした。姑は孫の前では英語を頑として話さなかった。事態はますます悪くなり、とうとう若い嫁は私のセミナーに助けを求め、サイキックな導きで問題を解決する方法をまなんだのだった。

嫁はサイキック瞑想し、サイキック・センターにこの問題について質問をしてから自分の仕事に戻り、気長に答を待った。

ある日、シカゴに住む義弟から貰った手紙に、答が書いてあった。義弟は故国出身の女性と結婚することになり、母親に結婚式に出席して、できればその後も同居してほしいといってきたのだ。姑は下の息子の結婚をたいそう喜び、シカゴに赴いて新婚家庭に同居する準備をはじめた。孫が生まれたら自分のやり方で育てて新婚夫婦を手伝ってやろうとはりきっていた。長男の嫁の問題解決策は、手の届かないところにあった。サイキック・センターは、なにもせずに時期を待てと導きながら、その陰で誰もが満足する解決をめざして働いてくれていたのだ。

問題7　漠然とした不幸、落ち込み、抑うつ、不安などを乗り越える

人生では、なんとなく落ち込みや憂鬱《ゆううつ》に悩まされることが多い。それがこうじていつも気が塞いだ状態になることもある。とくになにも悪いことはないのに、なんとなくだるくて、なにも関心が持てなくなる。生きる目的がないような気がして、自分だけでなくまわりの気分も憂鬱にさせる。

そんなときは、六つの刺激器を使って、次のような質問を書こう。

なぜ私はこんなに気が塞いで落ち込んでいるのだろうか？
どうやったら幸せでいられるのでしょうか？
私はなにか良くないことをしているのでしょうか？
この落ち込みからいつ回復できるのでしょうか？
人生でどうやったら安心できるようになるのでしょうか？
なんとなくだるい原因はなんでしょうか？

それぞれの答は、サイキック瞑想中にやって来るかもしれない。突然、情報がひらめいたら、書き留めておこう。瞑想中にははっきりした答が返ってこないかもしれない。だが後に、まったく予期しないときに、明快な答がやって来るものだ。多くの場合、答が書いてある本に出会うだろう。友だちが、問題解決につながる行動を始めるよう、導いてくれるかもしれない。

問題8　恋愛と結婚の失敗に関わる問題

恋愛と結婚に関わる問題は多種多様だが、サイキック・センターはそのすべての解決策を知っている。こうした感情的な問題を顕在意識を使って解決しようとしても、問題に近すぎて客観的に捉えることができない。愛情問題でトラブルが起きたら、サイキック・センターを頼り、導いてもらおう。

サイキック瞑想で導きを求めるときには、問題をはっきりと言葉にすること。以下に、そうした愛情問題の例をあげておく。

恋人ができない。
正しい結婚相手を選んだかどうか、わからない。
愛する人との性格の不一致。
不倫されたことに対する嫉妬。
結婚生活での性的不一致。
義理の親戚との問題。
結婚生活を脅かす経済問題。
結婚に親が反対する。
人種、宗教、学歴の違い。

六つの刺激器を使った質問例

サイキック・センターに次のような質問をしよう。

なぜ恋愛でこうした問題が起きるか？
この問題は誰のせいか？

この難しい状況を変えるためになにができるか？
誰と結婚するのがよいか？
最高の伴侶をどこで見つけられるか？
どんな人を伴侶にしたらよいか？
恋愛と結婚の相手をどこで捜せばよいか？
この結婚を成功させるには、どんなステップを踏めばよいか？
離婚せずに問題解決するにはどうしたらよいか？

Example　結婚生活の問題でサイキックな導きを得た女性

結婚生活に大きな問題を抱えている女性がいた。夫が不倫していると知って妻は激怒し、離婚してやると決心した。私のセミナーに参加した妻がのちに語ったところによると、サイキックな答は、セミナーで私の講義を聞いていたときにやって来たそうだ。私が使ったある言葉が、彼女のサイキック・センターを刺激し、解決策を与えてくれたのだ。そのとき私は、人生について語り、あらゆるものごとには二つの面があるという話をしていた。それは光と闇、善と悪、愛と憎しみ、美と醜、裕福と貧困などだ。人生にはコインの悪い面が現れる状況がたいへん多い。そうしたとき私たちはただ、コインを裏返せばよい。するとたちまち、善い面が現れる。それを聞いて女性は、サイキックなひらめきを得た。愛というコインの裏側は、彼女の無関心、無視、身勝手だった。それが夫を家庭から遠ざけて、別の愛を捜しに行かせたのだ。サイキックなひらめきを得た妻は、まったく違った観点からものを見られるようになって帰宅した。結婚生活の表側と裏側について考え、自分のおかした間違いに気づいた。身なりを構わず、ぶくぶく太り、夫との間にときめきは消えうせていた。妻はこうしたことを改善しはじめた。離婚はやめて、自分を変える前向きな計画を実行し、容姿を整え、ふたたびときめきを甦らせ、とうとう不倫相手から夫を完全に取り戻した。その後も、幸せで楽しい結婚生活がつづいたという。

問題9　人気がない、魅力に乏しい、寂しいなど、人づきあいの問題

ここにあげたものとは別の問題を、あなたは抱えているかもしれない。有名になりたい、経済力や学歴が足りなくて社会で認められない、ひっそりと暮らしたいのに取引相手を接待しなければならない、などの問題だ。こうした問題にうまく答えられるのは、あなたのサイキック・センターだけである。悩んでいる問題を書き出し、サイキック瞑想して答を受け取ろう。

質問例をあげると——

なぜ私は人気がないのだろうか？

どうやったらもっと魅力的な人になれるだろうか？

人に好かれるにはなにをしたらよいか？
もっと魅力的になるには、なんの本を読めばよいか？
人気者の社交家になるために、誰が助けてくれるか？
寂しさをどう紛らわせたらよいか？
良い友だちにどこで出会えるか？
人に好かれるようになるには、どんな性質を育てたらよいか？
人間嫌いの性格をどうやってなおせばよいか？

サイキック瞑想中に、なにをしたらよいか多くの刺激を受け取るだろう。どうやったら改善できるか、誰に導きや助けを求めたらよいか、などの答が来るはずだ。それに基づいて、これからどうするかを自分で決めればよい。

Example　人づきあいが活発になった若い女性

私の個人カウンセリングを受けたある若い女性は、冴えない容姿で内気だった。二二歳ぐらいだったが恋には縁遠く、寂しくて不幸せな気持だった。私は彼女のことを分析して、ファッションと髪形を変えたらハッとするほど綺麗になりますよと勧めた。モデルの短期コースに参加し、歩き方、立ち方、着こなしを習うようにとも。幸せになりたいと願って私のカウンセリングを受けに来たのだが、彼女はサイキックな導きや形而上学についてはなにも知らなかった。そこでサイキック瞑想をして、人生を根本から変えるやり方をサイキック・センターに導いてもらうことも勧めた。そして本書に載せたプログラムを教えたのだ。

その後、女性からはなんの連絡もなかったが、何週間かして、ニューヨークの五番街を歩いていると、プラチナ・ブロンドの髪とグラマーなボディに洒落たドレスをまとったレディが、向こうから歩いてくるのを見た。みんなが彼女を振り向いていた。彼女がそばに来ても、私はまだ、それが誰だかわからなかった。しかし女性が立ち止まって私に挨拶したときにわかった。カウンセリングに来た、あの冴えない内気な女性だったのだ。見事に変身していたので、私は気づかなかった。

彼女は私に、サイキック・センターの導きを受けてから、まったく新しい経験をしたと話してくれた。「先生のおかげで、私の潜在能力に気づく道が開けました。なにかをしなければいけないと、私にもわかりました。化粧品会社の販売員としてイギリスに行くチャンスにも恵まれました。先生のアドバイスで、人生がまったく変わったんです」

第11章のサマリー

1 サイキック・センターがあらゆる個人的な問題の解決を助けてくれる方法。
2 サイキック・エネルギーを刺激して問題解決への道を開く六つのサイキック刺激器。
3 資金不足、貧乏、限界などの問題を克服する方法。
4 サイキックな方法で保険セールスマンが売上を二五パーセントも増やした話。
5 病気や事故に関わる問題をサイキック霊媒法によって解決する。
6 気管支炎を患っていた女性が、サイキック霊媒法で治療法を見つけた話。
7 サイキックな方法でビジネスの問題を解決する。
8 建設業者がサイキック霊媒法で財産を築いた話。
9 性格の欠点、喫煙やギャンブルの悪い習慣などの問題をサイキック霊媒法で克服する。
10 不幸、落ち込み、抑うつ、不安、心配などをサイキック霊媒法で克服する。
11 サイキック霊媒法で恋愛や結婚の問題が解決した。
12 サイキックな導きで夫の愛を取り戻した妻の話。
13 サイキックな導きにより、地味で内気な女性が魅力的に変身した話。

第12章

サイキック覚醒度を高めるには

心の中には魔法の精霊が住んでおり、呼び出して命令に従わせることができる。

この魔法の精霊、すなわち内心に眠っている力を自覚すれば、無限のサイキック・パワーが放たれ、世界を自分のために変えることができる。

サイキックな覚醒度を高めることにより、夢と現実の境界を越えてパワーを呼び出し、ヴィジョンに描いたどんな成功でも達成できる。

もう目標達成のために、顕在意識や五感に頼らなくてよいのだ。

サイキック・ポートフォリオ（資産リスト）のつくり方

サイキックな覚醒度を高める前に、まず意識の中にサイキック・ポートフォリオをつくっておかなければならない。このポートフォリオからサイキック・センターは、あなたが人生で獲得しようとしているもののイメージや思念を引き出すからだ。

宇宙で、サイキック・ポートフォリオの原則がいかに働いているかを確かめてみよう。サイキックな覚醒が自然界にもたらす働きのことだ。

麦の穂は、見た目にはたいしたものではない。ただの小さな粒だ。だがその粒には、人類を何世代にも渡って養える穀物の原料すべてが秘められている。この麦の穂が、自然界のサイキック・ポートフォリオといえる。麦のポートフォリオには、永遠に生み出されつづける麦のサイキック設計図が収められているのだ。

株式トレーダーは株式市場で投機をするときに、よく株のポートフォリオを利用する。ポートフォリオとは、個人が投資する有価証券類をまとめたもののことである。たとえば、ゼネラル・モーターズ、ボーイング、アメリカン航空、ＩＢＭの株式などだ。

すべての成功を招くサイキック覚醒度を高めるために、あなたの意識の中にもサイキック・ポートフォリオがあると考えよう。意識の中には、すべての秘密、アイデア、価値ある組み合わせ、製法、知識、パワーが含まれているのだ。

サイキック・ポートフォリオをつくるには、まず人生になにを望むかを決めてから、サイキックな瞑想をして、欲しい情報を受け取ることに意識を集中する。脳のサイキック・センターから送られてくる情報を待つのだ。

麦を育てたいなら、まず畑に種をまいてから、実るのを待たなければならない。

サイキック・ポートフォリオの法則は自然界では、種のポートフォリオにあるものと等しいものを、外界に生み出すように働いている。

サイキックな導きで行く道が見えた

意識のサイキック・ポートフォリオに実現したいものの種をまいたあと、どうやって実るのだろうと心配する必要はない。それは神だけが知る秘密である。ポートフォリオの法則は自然界で働くように、あなたの人生でもうまく働く。つねにあなたのサイキック覚醒度を上げ、ポートフォリオに入れた夢が実現するよう導いてくれるのだ。

サイキック覚醒度を上げるプログラム

1 サイキック・ポートフォリオをつくるには、まず人生で実現したいものをえらぶ。人生に欲しい出来事、人物、条件、物などをえらぶのだ。自分でえらんだ目的には、サイキックな倍音《ハーモニクス》が加わる。自分で意識したものしか、人生では実現できない。地面に種をまいた穀物が実るように、サイキックな種を意識という土壌にまかなければ、望む富を実らせることはできない。

欲張りすぎではないかと心配する必要はない。サイキック・センターは、あなたが設けた目標をどうやって達成すればよいか、わかっているからだ。

どんな夢も望みも、きっと実現する、サイキックに導かれると信じよう。

欲しいものに、サイキック・ヴィジョンのパワーを集中しよう。

Example　母親が息子に抱いた望みが叶った

カーネギーホールのセミナー参加者の女性が、ある日私に、息子を有名コンサート・ピアニストにしたいと夢見た話をしてくれた。息子はまだ六歳だったが才能はあるらしく、ラジオでクラシック音楽を熱心に聴いていたそうだ。母親自身も若いころは音楽家になりたかったのに、両親にはピアノのレッスンを受けさせる余裕がなかった。現在も母親は貧しく、レッスンどころか、中古のピアノさえ買えない。おりしも第二次世界大戦真っ只中で、たとえお金があってもピアノなど買える状況ではなかった。

実現が難しそうな夢の話を聞いた後、私は母親に、サイキックな夢を宇宙精神に送る方法を教えた。宇宙のサイキック・ポートフォリオに夢を入れるのである。サイキック瞑想中に、居間にピアノがあって息子が毎日ピアノの練習をしているところをヴィジョンで見るようにと私は話した。そしてヴィジョンで見たとおりのことが起きるまで、セッションをつづけるようにともいった。

私の教えに忠実に従った母親は、二週間後に私を見つけて笑み崩れ、誇らかに報告した。「うまくいきましたよ。先生のおっしゃるとおりに。私は毎日一時間、座って瞑想しました。ピアノをヴィジョンで見たんです。色や形や大きさや、うちの居間に置いてあるところを。居間に置き場所もあけました。暖炉のそばです。そして、座っていっしょにピアノのヴィジョンを見ようと息子を誘いました。するとある日、電話が鳴って、友だちが小さなアパートに越すからアップライト・ピアノを処分したいといったんです。運送費を負担するなら譲ってくれるって。だからいま、うちの居間にはピアノがあります。息子はコンサート・ピアニストになる道を歩きはじめたんです」

サイキック・ポートフォリオに、夢をつくって入れることができる。夢は宇宙精神に届くから、ヴィジョンで見たそのままに叶うのだ。

2 サイキック瞑想をして問題の答や導きを得るときは、顕在意識に解決策や答を求めないようにする。宇宙にはサイキックな波動で働く巨大な知性がある。すなわち宇宙精神のことだ。宇宙精神の記憶庫にはすべての知識が納められており、宇宙とその中にあるものを生む、すべての人、物、化合物などのありかがわかっている。これは放射能のようなもので、磁気テープと同じく電磁気の性質を持つ。磁気テープには音声や映像、それに色までも記録でき、瞬時に再生できる。磁気記録装置が捉えたすべては電磁気の波動となって伝えられ、再生装置で完全に再生できるのだ。

宇宙精神は、人工の記録装置よりもはるかに感受性が高く強力である。宇宙の記録庫には宇宙で起きたことのすべてが収められている。宇宙精神は自分が創造したものに責任を持っているからだ。そのため、こんなものが欲しい、こんな状況にしたい、なくした物を見つけたいと思ったら、手に入ると固く信じてサイキック・パワーにお願いすればよい。

なくした物をサイキック・パワーで見つけるには

なくしたものが捜しても見つからないときは、宇宙精神にありかを教えてくださいと頼もう。静かに座って心につぶやくのだ。「宇宙精神にとっては、紛失した物などない。私の指輪のありかをご存知です。私はいま、それを認め、指輪のありかを教えてもらえると信じています」サイキック・パワーにこの文句をつぶやいたら、指輪のことは忘れ、ふだんの生活に戻る。数時間以内に、指輪のありかに導かれるだろう。

Example なくした貴重品が見つかった

ある男性が、オフィスで重要書類をなくした。あらゆる場所を捜したが、どうしても見つからなかった。そのとき男性は、私がセミナーで「宇宙精神には紛失した物などない」というていたのを思い出した。男性はサイキック瞑想をして、なくした書類のありかを教えてほしいと宇宙精神に頼んだ。翌朝オフィスに行き、引き出しの中を見ると、何度も捜したはずの場所に重要書類が入っていた。

別の受講生の女性は、高価なダイヤモンドのブローチをなくし、どこでなくしたのかも思い出せなかった。女性はサイキック瞑想をして、宇宙精神にブローチのありかを教えてほしいと頼んだ。その夜はブローチのことは忘れて眠りについた。しかし眠っている間に、あるデパートの落とし物保管所にブローチがある夢を見た。翌朝、女性はデパートへ行き、ブローチの落とし物はなかったかと尋ねた。たしかにブローチはあった。女性の物だと確認できたので、ブローチは無事に返してもらえた。

3 サイキック覚醒度を高めるには、まず五感（視覚、聴覚、触覚、嗅覚、味覚）の力を強くする方法をまなぶ。

サイキックな覚醒は、五感の感覚器を経て第六感で得られるので、五感を磨くことが大切である。そうすれば脳のサイキック・センターの感度も高まるのだ。

毎日のセッションで座って、五感の一つ一つに順番に集中していく。できるかぎり感度を高めたという気がするまでだ。クラシック音楽を聴き、オーケストラの各楽器の音が聴き分けられるまで集中する。これは聴覚を鋭くするのに役立つ練習だ。

またバラなどを見つめ、水晶のように明晰にバラのすべてを観察する練習をする。窓から外を覗き、一目で見たものをできるだけたくさん記憶する。これらは視覚の訓練である。

触感を鋭くするには、目を閉じていろいろなものに触れる。ウール、絹、木綿、金属などだ。触ったものの正体をあて、触感の細かな違いを意識する。

味覚を磨くには、舌にレモン汁を一滴、あるいは塩や砂糖少々を載せる。苦いもの、甘いものなど、味覚が敏感になるまでやってみる。

香水、香、花びらのようなものの匂いをかげば、嗅覚の訓練になる。

4 五感の訓練をさらに進める。一日か二日、それぞれ一時間以上座ってサイキック瞑想をし、親しい人のひとりに意識を集中する。遠くにいる人でもよい。相手に質問をし、サイキックな答が返ってくるのを待つ。

そのとき相手はあなたの思念波を受け取っていなくても、答は宇宙精神からやって来る。宇宙精神はその知性の中にあらゆる人間の意識を含んでいるからだ。

宇宙精神は、相手のサイキックな反応を教えてくれる。遠くにいる人に質問を送るセッションをしたときは、答はあとで来るものと考えておこう。時間差サイキック反応である。また相手と話している夢を見たり、答や反応と思えるアイデアがやって来たりすることもある。

5 このサイキック能力を開発するには、サイキック瞑想中、具体的な問題に意識を集中し、導きを待つ。瞑想中に答が来るときもあれば、明快な答は来ないときもある。それでもふだんの活動に戻り、いずれ答がヴィジョンや夢としてやって来たり、解決策が見つかる場所に導かれたりすると信じていよう。

6 思いもよらない経路で解決策へと導かれることがある。サイキックな答がやって来る経路をえらぼうとしないこと。問題を自分のサイキック・センターに送るだけにする。問題はそこから宇宙精神のサイキック情報センターに転送される。宇宙精神はすべてを知り、すべてを見ているし、そもそもすべてを含む存在だからである。毎日三〇分以上、困難な問題をサイキック・センターに送ったら、一日の活動に戻る。宇宙精神がすでに解決に取り掛かっていることがわかるはずだ。あなたはただ待っていればよい。忍耐づよく、信頼して、導きや答を受け取る準備だけをしておくのだ。

Example　アリゾナで秘宝を見つけた女性

知人の女性がサイキック法則を使って、金鉱、ダイヤモンド鉱山、油井などの秘宝を見つけようとした。彼女はこの望みをサイキック・ポートフォリオに入れ、期待して結果を待ったが、答は来なかった。少なくとも、期待したやり方では。そんなある日、女性はアリゾナ州フェニックスに住む友人から手紙を受け取った。美しいアリゾナ州にすばらしいチャンスがあるという。女性は寒いニューヨークで重い気管支炎を患っていた。そこでフェニックスの友人を訪ね、そこの気候が健康によいかどうか試してみることにした。女性はフェニックスに着き、砂漠の広々とした眺めと美しさがすっかり気に入り、仕事も見つけた。フェニックス郊外の土地を買うよう友人に勧められ、数エーカーの土地を買ってそのままにしておいた。だが女性のサイキック・マトリックスにはすでに、秘宝を発見する運命が刻み込まれており、この夢をかなえるために休みなく働いていた。数年後、フェニックスでは再開発が郊外にまでおよび、女性の所有地も巻き込まれることになった。ガソリンスタンドの大きなチェーンが土地を買い取りたいと申し出たので、女性は土地を売って大儲けをした。それで女性は、秘宝を見つけたのだとわかった。何カ月も前にサイキック・センターに送った願いが叶えられたのだ。

7 サイキック覚醒度を高めるには、まず魂の直覚度を高め、サイキックな導きを受け取りやすくする。

魂の直覚とは、意識には高度な状態があると気づくことだ。そしてあなたの感情や魂を高度な状態にし、宇宙精神からの刺激を受け取る。宇宙精神は、波動を使ってあなたの魂に語りかける。海辺に立って壮大な夕陽を眺めるとき、神々《こうごう》しい美、色、調和、喜びを表わす宇宙のイメージに心震わされるはずだ。魂は高ぶり、意識は神の霊感やその高遠な領域を漂う。これが魂の直覚である。

8 意識のさまざまなレベルでサイキック覚醒度を高めるには、次の質問をするか、自分でつくった質問を送って、サイキック・センターを刺激する。答はセッション中に返ってくることもあれば、数回または数週間かかる場合もある。思わぬ経路で返ってくることもある。たとえば問題解決につながる人から手紙や電話が来たりする。誰かとばったり出会うこともある。そういう相手は宇宙精神に、あなたの望みを叶える経路になるよう促されたのだ。

サイキック覚醒度を高める質問例

A 将来、どんな目標をめざしたらよいか？
B 私が生まれ持った才能は？
C 目標達成のため、どんなステップを踏めばよいか？
D もっと人格を高め、魅力ある人気者になるにはどうしたらよいか？
E 私の大きな欠点は？　それを長所に変える方法は？
F 私の人生の目的は？　天命を成就するにはどうしたらよいか？
G 私のライフワークは？　どうやったらそれをはじめられるか？
H 人生の目的達成を助けてくれる人を、どこでどうやって引き寄せたらよいか？
I 富を得るには、どんなステップを踏めばよいか？
J 私の問題を解決して、心の平和、静けさ、幸福を得るにはどうしたらよいか？
K 創作、絵画、演技、歌、発明、作曲など、望む才能を開発するにはどうしたらよいか？

質問を決め、一日一時間以上、数週間サイキック瞑想をつづければ、サイキック覚醒度はじゆうぶん高まり、サイキック・センターから直接、答を受け取れるようになる。

覚醒度が高まったら、サイキック・ポートフォリオにあなたの将来のサイキック設計図を送る。これから実現させたい欲望、希望、野望をすべて書き出す。サイキック設計図は、宇宙精神が富の宝庫からあなたの運命を実現するのに必要な条件すべてを差し出すときの目安となる。

紙に次のタイトルを書こう。

「私の将来を実現するサイキック設計図」

つづけて、次のような欲望や、実現したいことを書く。必ず手書きすること。手を使って言葉を書くことで、運動感覚を通してサイキック・センターのスイッチが入るからだ。書く内容例をあげておこう。

❶転職したい。〇〇〇の仕事がしたい（やりたい仕事を具体的に書く。会計士、看護師、教師、歯科医、デザイナー、画家、俳優など）。仕事の訓練を受けられる場所に導いてください。

❷事業をはじめたい（事業名を具体的に書く。レストラン、花屋、室内装飾など）。独立するためのステップを教えてください。

❸創造的な才能を開発して、美と創造性を表現したい（どんな才能が欲しいのかを書く。創作、絵画、音楽、デザインなど）。

❹必要なものが買えて、将来の安全を確保できるお金が欲しい。現在の支払いには一〇〇〇ド

ル、将来の安全には一〇万ドル以上が欲しい。

❺ソウルメイトを引き寄せ、ほんとうの恋と結婚ができるようにして欲しい。理想のソウルメイトは、正直、善良、感じが良くて快活、共感と理解があり、モラルの高い人。

❻外国旅行がしたい。現在の収入でもできるよう、導いてください。

❼美しい家を手に入れて、将来は家族と住みたい。〇〇に住みたい（都市名や場所を書く。田舎、ニューヨーク郊外など）。こんな家が欲しい（大きさ、部屋数、階数などを書く）。

❽高い目標を達成して生活水準を上げるため、それを助けてくれる重要人物とつきあいたいので導いてください。

サイキック設計図が書けたら、毎朝の目覚めと寝る前にくり返し読む。人生に欲しいアイデア、イメージ、物、状況をサイキック・ポートフォリオに書き込むこの方法は、これまで実行したたくさんの人に奇跡を起こしている。サイキック覚醒度を高めるだけでなく、夢のポートフォリオをはじめ、宇宙精神とつながるすべての思念波に意識を集中させてくれるからだ。宇宙精神は、四次元世界の不思議なやり方であなたの夢を叶えてくれるのだ。

第12章のサマリー

[1] 意識をサイキック覚醒させ、その中にサイキック・ポートフォリオをつくる方法。
[2] 将来欲しいものを手に入れるために、サイキックな導きを呼び出す方法。
[3] サイキック覚醒度を高める方法。
[4] 願って、信じて、集中する。これがサイキック覚醒の三つの鍵だ。
[5] サイキック・ポートフォリオを使って息子のピアノとレッスンを手に入れた女性。
[6] 望むものを得るために宇宙の記憶庫にアクセスし、サイキックな導きを呼び出す方法。
[7] サイキック・ポートフォリオを使って、なくした物を見つける方法。
[8] 五感に意識を集中することにより、サイキック覚醒度を高める方法。
[9] サイキック瞑想をして問題を解決する方法。
[10] サイキック覚醒度を高め、将来のために役立つ魂の直覚法。
[11] サイキック瞑想中に具体的な質問をして、サイキック覚醒度を高める方法。
[12] 自分の運命のサイキック設計図をつくり、将来の夢や野望をすべてサイキック・ポートフォリオに入れる方法。

潜在超能力を開発する ダイナミックな法則

超能力は開発できる。直観や透視力は、少し練習すれば開発できる。誰でも、ある程度は超能力があるからだ。

ある人のことを考えていると電話が鳴ったので出てみたら、当の相手からだった、という経験はないだろうか。

のちに起こる出来事の予告を夢で見たことは？

なにかをしてはいけないという胸騒ぎを感じ、あとでその警告が正しかったとわかったことは？

これらは、あなたもときには超意識を使っているという証拠である。超意識には、透視などの超能力が眠っている。ほかの才能と同じように、超能力も開発できるのだ。

サイキック現象の法則は、自然界でどう働くか

サイキック現象の法則は、重力、電気、磁気の法則のように効果がある。サイキック・パワー、直観、透視は、生まれつき人間の意識に備わっており、決して超自然的な力ではない。超感覚の力を使えない人が多いのは、直観や超意識へのサイキックな刺激をずっと無視してきた

せいで、ひそかな刺激を感知できなくなっているからだ。

子どもが熱いガス・レンジにうっかり触りそうになったとき「やけどしないよう、手を引っこめなくちゃ」などといちいち考えたりはしない。内心に抑えがたい衝動が起きて、子どもはなぜか手を反射的に引っ込める。

命を守るために反射的になにかをさせる力は、顕在意識ではなくサイキック・センターで生じる。この力を、サイキック・パワーや「直観」と呼んでいる。

超意識の画面に映像がひらめくなどして、直観が心の中にイメージとして現れるのが透視である。映像にともなう言葉が、無音でひらめいても音として聞こえても、それは透聴という超感覚である。

こうしたサイキックな導きは、宇宙の法則のもとで働く。宇宙の法則を理解すれば、サイキックなパワーにアクセスして、指導、保護、情報提供、教育などの恩恵を受けられ、安全と知恵を保証されてあなたは天命を実現していける。

正確なヴィジョンを見る人と見えない人がいる理由はわからないが、危険を避けるようヴィジョンで警告された人を私は何百人も知っている。内なるサイキックな声を聞いたり、警告の透視ヴィジョンを見たりして、危険を避けられる人がいるが、そんな助けはなくて危険に巻き込まれる人もいる。

Example　姉が双子を生む透視ヴィジョンを見た女性

透視ヴィジョンは死や惨事を警告するときにだけ来るのだろうか。そうではない。重大事ではなくてもヴィジョンを受け取る例も多い。体験談をあまり聞かないのは、日常生活のささいな出来事に関わることだからだ。透視ヴィジョンは、転職、転居や、久しぶりに友人や親戚に会えるという予感などとして現れる。多額の遺産相続の前触れが来る場合もある。私の知る例では、妊娠三ヵ月の姉が双子を生むというヴィジョンを見た女性がいる。そのときは医師にもわかっていなかったのだが、確かに姉は双子の息子を出産した。妹は、男の子だということも予知していた。サイキック瞑想中、目をあけてほかのことを考えていたときに、透視ヴィジョンを見たのだ。

「出来事が起こる前にはその影が差すものだ」という古い諺《ことわざ》もある。まさにそのとおりのことが、透視による予言では起こる。宇宙精神はこれから起こる出来事を知っているからだ。宇宙精神の波長に合わせれば、透視ヴィジョンを受け取って未来を予視できるのだ。

これから起こる出来事を前もってわかっている場合がある。それが予知だ。出来事が起ころうとしているまさにそのときに、サイキックなひらめきを受け取るのだ。

Example　兄が亡くなったというサイキック警告

ある女性が、サイキック警告の体験を話してくれた。夫も目撃したそれは、予知のひらめきだった。夫妻が朝食をとっていたときに、郵便配達員が手紙を届けにきた。妻の兄が住む町からの手紙だった。封を切る前に妻は、「ジョージ兄さんが死んじゃった！」と叫んだ。夫は驚いた。義兄の健康状態についてなにも知らせを受けておらず、健康だとばかり思っていたからだ。手紙を読んで妻は泣きだした。兄が三日前に心臓発作で倒れ、入院したと書いてあったからだ。

一時間もしないうちに電話が鳴った。兄の妻からだった。「ジョージが三〇分前に病院で亡くなりました」。義姉はこれまで、ジョージの心臓発作を電話で知らせて来たことはなかった。心配させたくなかったからだ。しかしとうとう、手紙で知らせてきた。そして妹は、一六〇〇キロも離れた場所で起こった兄の死を、まさにその瞬間にヴィジョンで見たのだ。

サイキック・パワー、直観、透視力を開発する10のダイナミックな法則

法則1　自己保存の法則を呼び出し、サイキック・パワーを解き放つ

人間の魂でいちばん強力な衝動は、生きたいという意志である。この意志は、自己保存の衝

動となって現れる。

ときおり、サイキック・センターがあなたに命の炎を守りたいと思わせることがある。健康で、できるだけ長生きしたいと思わせるのだ。生きる意志が弱まると、死にたい気持が起きて、食べ過ぎ、飲みすぎ、煙草の吸いすぎになったり、命に危険があることをしたくなったりする。自己保存のダイナミックな法則を呼び出し、サイキック・センターから直観と透視によって導いてもらうことができる。あなたを危険から守り、安全で快適に天寿をまっとうできるようにしてもらえるのだ。

サイキック・センターから導きを最大限に得るために、自己保存の意志を強くすることもできる。その方法は——

❶目的を持って生きる。お金を稼いで幸せになること以外に、生きる目的を持とう。なにか良いものを創造し、世界の役に立ちたいという望みを持つのだ。
❷生きることを愛するだけでなく、愛するために生きる。そうすればサイキック・パワーは生命の火花を燃やし、ライフワークをやりとげる活力、エネルギー、生命力を与えてくれる。愛はサイキック・センターを刺激し、人生の多くの問題に取り組むためのサイキックなエネルギーを解き放ってくれるものだ。
❸あなたと家族の安全にかかわる日常的な問題について、サイキック・パワーに導きを求める。
❹見た夢に注意する。夢の中で、将来の危険を警告する透視ヴィジョンやサイキックな刺激を受け取っているかもしれない。

Example　サイキックな夢で危険を警告された

ある女性が、夫を亡くした直後に透視夢を見た。女性は夫の死後、年老いた未亡人数人が住む大きなアパートへ越さなければならなくなった。家財をすべて貸し倉庫に預け、彼女はこのアパートに一時的に入居した。もっと小さい手ごろなアパートが見つかるまでのつもりだった。

ある夜、女性は夫の夢を見た。夫は生前のままだったが、ただひとつ、パイプをふかしているところだけが違っていた。夫は紙巻煙草しか吸わなかったのだ。女性は夫に尋ねた。

「なんでパイプをふかしているの？」

「家が燃えているからだ。家が火事だよ」。女性は不安になって目覚めた。なぜこんな夢を見たのかわからなかった。家財を預けた倉庫に連絡し、火災保険に入っていることを確かめて一安心し、女性は夢のことは忘れた。

数日後、ぐっすり眠っていた女性は、胸に圧迫感を覚えて目覚めた。息ができない気がした。煙の匂いはしなかったが、不思議な胸騒ぎがして女性は電灯のスイッチを入れた。だが、電灯はつかない。危ない、アパートが火事だ！　なぜか彼女にはわかった。なんとか立ち上がり、タオルを濡らして鼻と口を覆った。火事のときにはこうするようにとどこかで聞いていたからだ。ドアをあけ、暗い廊下に飛び出した。少し歩くと、廊下で倒れている消防士の身体につまずいた。彼女は階段にたどり着いた。停電してエレベーターは動いていなかった。消火ホースや階段を駆け上がる消防士にぶつかりながら、なんとか七階の階段を降りきって、外に出た。アパートの玄関ホールには、一二名の老婦人の遺体が並べてあった。煙にまかれたのだった。

法則2　創造性を発揮して高度な活動をしたいという願望をサイキックに表明する

「ひとはパンだけで生きるのではない」と聖書にある。あなたは自分のすばらしい運命を実現するために生まれたのだ。もっと高く成長するためにサイキック・センターを使おうとしないならば、生きる目的を果たしていないことになる。

人生のさまざまな面で、毎日サイキック・センターに相談し、導きを受けることができる。くり返すが、あなたは自分を充実させるために生まれたのだ。それは、あなたの創造的な運命を完全に実現し、幸せ、心の平和、愛を手に入れるということなのだ。

次のような質問をして、サイキック・センターに導きを求めよう。

人生のほんとうの目的をどうやって達成したらよいか？
個人的な問題を解決して、幸せと心の平和を得るにはどうしたらよいか？
どうやったら自分にふさわしい友人、知人を引き寄せ、有意義な人づきあいができるか？
もっと創造性を発揮し、よりよい仕事ができるようになるにはどうしたらよいか？

Example サイキック警告を無視して訴えられた女性

出会った人が信用できる相手かどうかサイキック・センターに聞くことができる。ある女性はサイキック警告を無視して、後悔するはめになった。彼女は別の女性と事業をはじめたいと考えた。相手が有能で、その分野の事業経験があったからだ。だがなんとなく相手が不正直な気がして、彼女はサイキック瞑想をして答を求めた。警告はやって来た。この女を信用するな。あとで訴えられるぞ。

それから、相手の額に一〇万ドルと書いてあるヴィジョンも見た。

だが彼女はサイキック警告を無視し、相手と事業をはじめた。三ヵ月後、事業は失敗し、相手はまさしく一〇万ドルの損害賠償を請求する裁判を起こした。もちろん、彼女はそんな支払いはせずに済んだ。だが裁判の費用に数千ドルもかかってしまった。サイキック警告にしたがっていたら、後悔もせず、裁判費用もかからなかったのに。

法則3　あなたの想像力でサイキック・ヴィジョンを刺激する

想像力は、サイキック・パワーと近い関係にある。透視イメージは、想像力を通して受け取るからだ。

毎日サイキック瞑想をして、想像力を使って透視力を高めよう。

なにかの光景を想像して、それについて質問をしよう。将来、住みたい家、やりたい仕事、参加したい社会活動でもよい。想像の次元に心を飛ばし、心の目で見て、やって来るものを受け取るのだ。多くの場合、サイキック・パワーをかきたてることになり、将来、ほんとうに起こる出来事がヴィジョンとなってやって来る。

法則4　集中力と感情を使ってサイキック・エネルギーを解き放つ

透視ヴィジョンを見るには、サイキック・エネルギーを解き放たなければならない。集中力と感情を使ってサイキック・エネルギーを解き放つ方法を知らなければ、サイキックな思念波を送受信できないからだ。

毎日のセッションで、意識に次のような感情を抱いてサイキック・センターを刺激し、サイキック・エネルギーを注いでその感情に集中する。

❶信頼
❷愛
❸善
❹無私
❺慈悲
❻希望

この六つの感情が超意識をサイキックに刺激し、透視、透聴、サイキック・ヴィジョンをもたらすエネルギーを解き放つのだ。

宇宙構造を使って、サイキックなイメージを放射する

宇宙構造という方法を使えば、心にサイキックなイメージをつくってそれに感情を込めることができる。それをあなたのサイキック・センターから受け取った宇宙精神が、イメージを現実にしてくれるのだ。

サイキック瞑想中に、宇宙構造のプロセスを練習しよう。それにはつくった映像（イメージ）に感情のエネルギーを込める。それから静かに、宇宙精神に映像を送り、サイキックな導きや透視ヴィジョンを待つ。

例：子どもの教育費などでお金が欲しいとき。お金というだけではイメージが曖昧だ。そこで、子どもが大学に通って職業訓練を受けているところを宇宙構造にしてサイキック放射する。そうすると、家族への愛、家族を幸せにしたいという願い、無私、慈悲、信頼などの感情に包まれる。そうした感情があなたの願いや希望を叶えさせてくれるのだ。

サイキック瞑想中にこうした宇宙構造を宇宙精神に向かって放射すれば、サイキックな刺激が返ってくる。

Example 透視ヴィジョンの導きで子どもに教育を受けさせた女性

ある女性は宇宙構造を使って三人の子どもを大学に通わせたと、その具体的なやり方を話してくれた。

女性は夫を事故で亡くし、一六歳と一三歳の息子、一一歳の娘が残された。保険金も底をつき、女性は自分で稼がなければならなくなった。だが職業訓練を受けておらず、三人の子どもを家に置いて働きに出るわけにもいかなかった。

幸い女性は、私のハリウッドのセミナーでサイキック現象の法則をまなんでいた。サンフランシスコ渓谷に住んでいたが、家のローンはかなり残っていた。頼れる人もなく、女性はサイキック・サンタ――に必死で導きを求めた。

彼女は三人の子どもが大学に進み、家のローンも支払い、将来の安全を確保できているという宇宙構造をつくった。

最初の数回のセッションでは、はっきりした答は返ってこなかった。だが、導きは必ず来ると信じて、ふだんの生活に戻った。女性は料理が得意で、おいしいパイやケーキを焼くことができた。ある日、近所の建設現場を歩いていて、昼時に作業員が車座になって冷たい弁当を食べているのが目に留まった。すると急に、サイキックなひらめきがやって来た。おいしいパイやケーキを添えた温かい弁当を配達するのだ。女性はこのひらめきに従い、近所の建設現場に、温かい料理、ポットに入れたコーヒー、おいしいパイやケーキを運んでいった。作業員は大喜びで、おいしい料理を買ってくれた。まもなく注文が殺到するようになった。女性は残りの保険金をはたいて、小型バンを買った。バンにサンドウィッチなどの料理を載せ、建築現場をいくつかまわった。作業員はおいしい料理に群がった。夏が来ると、長男がバンを運転してくれるようになり、女性はバンをもう一台買って自分が運転し、二人で手分けしてサンフランシスコやロサンゼルス付近数キロの建築現場を訪ね、得意料理を売ってまわった。

一年もたたないうちに、女性はサイキックな導きでもう一台バンを購入し、おおいに稼いだので、すべての支払いを済ませ、家を維持し、子どもを教育し、将来の安全を確保することができた。

法則5　サイキック・コミュニケーションの情報センターとつながる磁力を持つ

意識の中に抱くことによって磁力を与えたものを、あなたは引きつける。これがスピリチュアルな磁力の法則である。

透視力を使って思念波、ヴィジョン、サイキックな導きを得たいなら、まずあなたの心のサイキックなクモの糸を磁化しなければならない。このクモの糸を伸ばして、透視の中で印象、人、状況といった情報を受け取るからだ。

宇宙精神とつながるために、意識の中のサイキックなクモの糸に、磁力を持つ次のような考えを注ぎこもう。

❶もっとお金を儲けられるように、仕事を助けて欲しい。
❷有意義な人づきあいができるよう、友人、知人を磁力で引きつけたい。
❸もっと高収入で良い仕事につけるよう、サイキックな導きが欲しい。
❹健康問題でサイキックな導きが欲しい。強くて健康で長生きするにはどうしたらよいか。
❺理想の伴侶や幸せを磁力で引きつけて愛を成就させたい。
❻自分の家を磁力で引きつけたい。どうやって住む場所を見つけたらよいか、サイキックな導きが欲しい。
❼個人的な問題を解決して心の平和と満足が得られるよう、サイキックな導きが欲しい。

宇宙精神は、あなたが人生を送るべき場所や、どうやったら成功してリッチになれるか、どうやって天命に導かれるかを知っている。

お金のイメージを磁化して宇宙精神に送ったとき、とても信じられないような形で返ってくることがある。それは自分の必要や性格に合った波長に、サイキックなイメージを引き寄せるからだ。

Example　サイキックな放射によってお金を引き寄せた

親しい友人が、お金のイメージを磁化するとこんなふうに望みが実現することがある、という不思議な体験を話してくれた。彼はめったに競馬場へは行かなかったが、ある日、友人と出かけてみた。レースがはじまる前にバーで、男性客が「セブン・アンド・セブン」という飲み物を注文するのを聞いた。私の友人は、セブンというのは有名なウイスキーのブランドであるとは知らなかった。だが、「セブン・アンド・セブン」という言葉でサイキック・センターのスイッチが入り、友人は仲間にこういった。「二重勝式馬券で七と七を買うよ」。ふと耳にした数字に賭けるなんて、と仲間は笑い飛ばし、ほかの数字に賭けた。

最初のレースでは七番の馬が勝った。友人たちは次のレースを固唾《かたず》を飲んで見守った。直線コースで、七番の馬には勝ち目がないように見えたが、そのとき、先頭を走っていた馬がつまずいて遅れ、結局、七番の馬が優勝した。

二つのレースの勝ち馬を当てるこの馬券で、どれだけ儲けただろうか。それはなんと七七七ドルだった。とても偶然のしわざには見えず、確かにサイキックな導きがあったのだと友人は語った。宇宙精神がユーモアたっぷりに、起こりそうもないような出来事を組み合わせてみせたのだ。理性や論理では説明できない体験だった。

法則6　三次元の物質世界から、思念と魂の四次元世界に意識を上昇させる

サイキック現象は、思念と魂の四次元世界で起こる。魂は物質世界に閉じ込められてはおらず、肉体の限界を超えて上昇し、時空の異なる次元で体験を持つことができる。

サイキック瞑想で透視ヴィジョンやサイキックな導きを求めるときは、必ず自分を物質の鎖から解き放つこと。純粋な魂のサイキックな領域に上昇しなければならないのだ。

心の中から、問題、お金、人、物などを取り除き、意識を四次元の絶対の領域にまで上げる。

次のようなものについてサイキック瞑想する。

❶絶対的なパワー
❷絶対的な知性
❸絶対的な善
❹絶対的な美
❺絶対的な喜び

宇宙精神に、あなたの魂を同調させる。宇宙精神とは、宇宙とその中にあるものすべてであり、太陽やその他の惑星からダイナミックなエネルギーを放射している。

宇宙精神に同調して、その絶対的な知性が自然界のあらゆるものにも存在する証拠を見る。

絶対的な善、美、喜びに同調して、超越的なパワーが放射されるのを感じる。このパワーは、宇宙精神の魂からあなたのサイキック・センターに流れ込んでくる。

法則7　宇宙の魂とあなたの魂をサイキックに融合する法則を使う

あなたの魂は、宇宙の魂からのサイキックな波動を受け取る。あなたの心は、こうしたサイキックな透視の波動を解釈する経路にすぎない。

サイキックな導きをはっきりと受け取り、サイキックなメッセージをほかの人に送るためには、宇宙の魂とあなたの魂が融合していなければならない。あなたの動機が純粋、無私であるときだけ、こうした融合ができる。

サイキック瞑想をするときには、平和で静かな環境を整える。ろうそくを灯して、導きを受け取る間、燃やしつづける。香をたき、静かな音楽を流す。こうして環境を整えることによって、意識のサイキック・センターを刺激し、よりよいヴィジョンが見られるようになる。

サイキック・パワーは、魂の共通語

音楽には共通の言葉があり、すべての人に同じように語りかける。魂にも共通の言葉がある。宇宙の振動はすべての人に、四季というリズムで話しかける。土中で成長する種にも、自然界の運命を実現するさまざまな生命にも。魂の共通語は、宇宙の愛を通して人間に話しかける。

宇宙の魂と自分の魂を融合したいなら、意識を最高の領域に上昇させる。あなたがヴィジョンにできる、もっとも高貴で無私な領域だ。人類を愛し、超能力で人類に奉仕したいと望もう。

神を愛し、神に仕えたいという望みを持ち、神が降り注ぐ祝福をたたえよう。信仰、愛、祈りという鍵で、サイキックな透視力がひそむ宇宙精神の宝庫をあけよう。

法則8　サイコキネシス（念動）の力学

精神力学の法則を使って、精神や魂の力で物質をつくることができる。これがサイコキネシスだ。

科学研究でも、スピリチュアルなエネルギーを使って物質に影響を与えることができるらしいとわかっている。すべての創造物は、スピリチュアルなエネルギーでできている。スピリチュアルなエネルギーはさまざまな形の創造物となって現れるのだ。固い物質に見える物も、じつは原子が集まって振動しているにすぎない。こうした原子は、遠心力と求心力という目に見えない法則によって結びつけられている。つまり原子は核から離れたり、核へと引き寄せられたりしているのだ。あらゆる創造物が、この宇宙の法則に従っている。

あなたは遠心力の核をつくることができる。その核から心の原子エネルギーを放射できる。また求心力の核となり、ほかの精神から宇宙精神に放射された思念、透視ヴィジョン、印象を、あなたのサイキック・センターに受け取ることができる。

Example 精神力学で赤ちゃんの命が救われた

精神力学は、人間の思念や感情にも影響を与えられる。別の人とつながりたいなら、感情を込めた思念波を送ればよい。二二歳のベビーシッターの女性もこの法則を使った。彼女は赤ちゃんの両親がニューヨークで観劇していると知っていたが、どこの劇場かは覚えていなかった。夕方、赤ちゃんの具合が悪くなり、発熱して苦しみだした。ベビーシッターはサイキック現象の心得があり、母親に感情を込めた救難信号を送った。「すぐに自宅に電話してください。赤ちゃんが病気です。すぐに電話して。赤ちゃんが病気なんです」。このサイキックSOSを三〇分以上つづけていると、急に電話が鳴った。母親があわてた声で電話してきたのだ。「なぜだか家に電話しなくちゃと思って。赤ちゃんは大丈夫?」。ベビーシッターから赤ちゃんの発病を聞いて両親は急いで帰宅し、赤ちゃんを医師に見せた。赤ちゃんは回復した。ベビーシッターには、母親とテレパシーで交信したのだとわかった。

サイキック・エネルギーは物体を動かせる

科学研究で、精神や魂が物質を動かせることが明らかになった。デューク大学のライン博士が証明したのだ。身体、物体、環境に人間がサイキックな影響を及ぼした例は数多く存在している。

　ある家の子どもには、サイコキネシスの超能力がいくらかあった。少年がいる部屋では、原因もわからずによく物が暖炉から浮き上がったり、絵が壁から落ちたり、花瓶や漆喰がこわれたりした。

　多くの場合、こうしたサイコキネシスによって放射されるサイキック・エネルギーは、死者から放たれると考えられ、ポルターガイストと呼ばれている。だが、スピリチュアル・エネルギーをふんだんに持つ人は、精神力学によって、人間や物質に影響を与えるパワーを放出できることがわかっている。

　こうしたスピリチュアル・エネルギーを出すパワーを開発するには、エネルギーの流れを人や物体に向けて放射する訓練が必要だ。人や物の原子構造や分子構造を動かしたいという意志を持つのだ。まず、人を相手に始めるのがよい。相手のサイキック・センターにエネルギーを放射し、あなたに電話させたり、手紙を書かせたり、町でばったり会わせたりするのだ。それから、誰かに向かって具体的な事柄に関する思念波を放射する練習をし、相手がメッセージを受け取ったかどうか、あとで確かめる。

　さいころを二つ振って、思念を送ったとおりの目が出るか練習してもよい。七でも一一でも、好きな数字が出るよう念じるのだ。ラスベガスでこの実験をした男性がいる。一一という数字を念じていたら、三回つづけて一一が出て、かなりの金を儲けたそうだ。

法則9　回顧のプロセスで過去を見たり、予知によって将来の出来事を投影したりするサイキック再生を使う

予知とは、超能力によって将来の出来事を前もって見ることである。宇宙精神にアクセスして、これから起こる出来事を映像で見るのだ。

回顧は、歴史上や人の心の中にある出来事をサイキックに再生したり、そうした過去の出来事の中にある知識、インスピレーションなどを手に入れたりすることだ。

サイキック・センターを使って予知をするときは、意識を静めることが大切だ。そして意識の画面に、テレビや映画のようにヴィジョンを映す。心の目で、宇宙精神を見るのだ。時空に巨大な映写機が浮かび、あなたのサイキック・センターの画面には、サイキック瞑想で呼び出した思念波、映像、シーンや出来事が映っているところを想像する。

回顧を使って過去の出来事を再生するには

時空を遡って、歴史的な出来事の映像や、過去の偉大な天才の放つ思念波を再生したいと思うことがあるだろう。ほかの人の心にあった思念波、音、声、刺激はすべて、宇宙の電磁層にいまなお存在している。

巨大な増幅器をつくることができれば、イエスが山上の垂訓をする声、エイブラハム・リンカーンのゲティスバーグの演説、ワシントンの大統領就任演説の声を再生できるという科学者もいる。宇宙のサウンドトラック録音を再生できれば、ヴィデオ装置のように、歴史上で起こった音声と映像を瞬時に再生できるのだ。

サイキック・センターは、ヴィデオの機械よりももっと柔軟性がある。人間の意識は、訓練さえすれば、宇宙のサウンドトラックにアクセスし、高感度のアンテナで歴史上の音と映像を回顧のプロセスによってとらえ、サイキック・センターの画面に再生できるのだ。

法則10　意識を宇宙のサイキックな領域にまで高める

宇宙の運命の成就を、この世における究極の霊的目標としたいという魂の願いを表明しよう。意識を宇宙の領域にまで高めれば、無限の美、善、真理、愛、喜びのサイキックなイメージを放射できるようになる。

この法則のためにサイキック瞑想するときは、できるかぎり最高のスピリチュアルな美の理想のヴィジョンに意識を集中する。宇宙精神はあなたのサイキック・センターに、高遠なインスピレーションと高貴な思念を送ってくるだろう。それにはまず、魂の振動数を宇宙精神のレベルにまで高めるのだ。

先にあげた無限の美などの一つずつに意識を集中する。意識の中に無限の美というイメージを保ち、やって来るものを待つ。花、樹木など、まわりにある自然の美しさに触れてサイキック・センターを刺激する。

無限の善のパワーを表現する練習をすれば、サイキック・センターを刺激して、あなたの人生に自動的に善が放射されるようになる。

第13章のサマリー

1 サイキック現象の法則は、重力、電気、磁気の法則のように確立した法則である。
2 透視ヴィジョンと透聴は、夢に見ることが多い。
3 超能力を開発する一〇のダイナミックな法則。
4 サイキック・センターを、生きたいという意志で刺激する。
5 創造性を高めることによって、サイキック・パワーを解き放つ。
6 想像力によって透視ヴィジョンを刺激する方法。
7 集中力を使い、感情を通してサイキック・エネルギーを放射する。
8 スピリチュアルな磁気をつくってサイキック・コミュニケーションの情報センターとつながる方法。
9 宇宙の魂とあなたの魂をサイキックに融合する方法。
10 サイコキネシスの法則を使って人や物に影響を及ぼし、将来の状況を変化させる方法。
11 サイキック再生を使って、将来を知る予知や、過去を映し出す回顧を行なう方法。
12 宇宙の運命を実現させたいという願いを表明し、透視などの超能力を高める方法。

第14章

サイキック・マトリックスで奇跡を起こすには

あなたは実際に奇跡を起こすことができる。宇宙精神が宇宙のすべてを生み出すために使った秘密をまなべばよいのだ。

サイキック・マトリックスの原則を使って肉体を変え、健康、活力、若さ、エネルギーのパターンをつくることができる。

お金、車、家、土地、株式、債券などのイメージをつくれば、サイキック・マトリックスは宇宙の法則に従って、それらを実現しようとしはじめる。

人、愛、幸福、富を引き寄せることもできる。こうした宝は、サイキック・マトリックスの中であなたを待っている。あなたはこのすばらしいサイキック・パワーを呼び出す方法を知ればよいのだ。

人生の目に見えない創造的な鋳型

宇宙の秘密の隙間には、目に見えないサイキック・マトリックス（運命の鋳型）がある。星でも人間でも、なにかをつくろうとするとき、宇宙精神は、原子と分子からなる創造的な原料をサイキック・マトリックスに入れて、望みのものをつくりだす。

たとえばオレンジのマトリックスは、種の中に含まれている。種を割って中を調べてみても、木、葉、かぐわしい花、おいしい実になる証拠は見えない。それらはオレンジの種のサイキック・マトリックスから生まれるのだ。

宇宙の創造の奇跡は、この目に見えないサイキック・マトリックスの原則の中にある。これから生まれる鶏のヒナのマトリックスは、受精卵の中の見えない胚《はい》にある。卵と、二一日後に殻を割って出てくるヒナには、まったく似たところがない。これはまさに宇宙の奇跡である。

自分のサイキック・マトリックスをつくるには

自分でサイキック・マトリックスをつくり、サイキック・イメージと思念波をそこに築くことによって、人生に欲しいものを形づくる方法を、まなぶことができる。サイキック・イメージをマトリックスに放射すれば、原子エネルギーの見えない法則にもとづき、奇跡を起こせるのだ。意識の中につくったサイキック・マトリックスに、宇宙精神はスピリチュアルな原形質を注ぎ込む。あなたが想像するものをつくるもとになる原形質だ。

この創造の奇跡がどんなふうに行なわれるかを説明するために、彫刻家がマトリックスの原理を使うやり方を見てみよう。彫刻家の心には、創造したいもののイメージがある。このイメージをサイキック・センターから、粘土のような物質に刻み込む。イメージが粘土に刻み込まれて形となったら、もっと長持ちする素材のブロンズや石膏でイメージを再現する。それにはもとの粘土の像を、石膏や、ゴム液を流し込んだムラージでかたどる。こうしてできた鋳型（マトリックス）は、もとの像を細部にいたるまで完璧に複製している。だからマトリックスから、同じ形をした像をたくさんつくりだせる。

サイキック・マトリックスには、なんでも望むものを放射できる

新しい形やパターンを生むこの宇宙の秘密、サイキック・マトリックスを使えば、なんでも欲しい物をつくりだせる。

創造物のすべての形は、宇宙のサイキック・マトリックスの中に、霊気や波動として存在している。繊細な雪片をつくる霊気は、白バラやピンクのバラをつくる霊気とはたいへん違っているが、創造の原理は同じである。

フランスのある科学者は、四〇年以上も雪片の研究をつづけ、自然界にかくれた秘密を一つ発見した。彼が顕微鏡で調べた雪片には、どれ一つとして同じ形はなかったのだ。

サイキック・マトリックスを使って人生に奇跡を起こすプログラム

宇宙精神のマトリックスに含まれるすばらしい生命力をあなたの身体に引き寄せ、完全な健康、若さ、活力を得るには、次のかんたんなステップを実行しよう。

1 サイキック瞑想をして精神力のすべてをサイキック・センターに集中する。背骨の基盤から脳に向かって、金色の炎が燃え上がるようすをヴィジョンで見る。それから、脳の表面を噴水のように炎がほとばしり、脳の中央部の松果体にあるサイキック・センターを刺激しているところをヴィジョンにする。

2 金色の炎に意識を集中しながら、深呼吸を一〇回する。息を止めて四つ数え、四つ数えながら吐き出す。こうして完璧な身体のサイキック・マトリックスをつくる。声に出して唱えよう。「私はいま、意識のサイキック・センターにアクセスし、強くて健康で若々しい体の完璧なマトリックスをつくっている。サイキック・センターからサイキック・エネルギーが流れだし、脳と身体のすべての原子と細胞に生命力をあふれさせる。……生命力……生命力……」

3 ゆっくりと深呼吸しながら、このフレーズを四回はくり返す。それからしばらく、心の中にある太陽の金色の炎に集中する。そしてサイキック・センターに向かっていう。「私はいま、霊的な太陽の金色の生命エネルギーにアクセスしている。霊的な太陽は、宇宙にすべての生命とエネルギーを生み出すサイキック・マトリックスだ。私はいま、自分のすべてに若さ、活力、永遠のエネルギーにみちた金色の光を浴びせている。私は宇宙の光、生命、真理と融合しており、私の身体はスピリチュアルな太陽の強さとエネルギーを反射している。霊的な太陽は、宇宙を生んだ存在だ」

4 街を歩くときも、家を歩きまわるときも、優雅で生き生きした宇宙のリズムに乗ろう。頭を上げ、背骨を伸ばし、ゆっくりと深くリズミカルに息をしよう。これが若さと活力の姿勢だ。足を引きずりうつむいて歩くとき、あなたは老齢と病弱のマトリックスをつくっている。そしてサイキック・センターから体細胞に向かう若さ、活力、エネルギー、健康の流れは、せき止められている。

健康と若さのサイキック・マトリックスに、サイキックな生物時計をセットするには

サイキック・センターに、若さと健康のパターンをもつサイキックな生物時計をセットできる。生物時計は、自然界にも見られる。繭を破って蝶になるときを毛虫に告げたり、種が発芽して実るときを教えたりする働きであり、さまざまな場所で見られるものだ。生物時計は四季にもあり、春夏秋冬を教えてくれる。潮流や、あらゆる生き物の生命サイクルの中にもある。科学研究により生き物の生物時計を変えられることがわかっているが、変えられた生き物は宇宙のリズムを見失い、生命サイクルが混乱してしまう。

若さ、健康、長寿のサイキック・マトリックスに生物時計をセットするには、サイキック・センターに次のような指示を出す。「私はいま、天命を成就するために、サイキックな生物時計を、成長と完成のマトリックスにセットした。私は宇宙精神に備わる秩序、調和、リズムを反射し、私の身体を健康に保ち、細胞に正しい栄養を与え、天命の成就へと向かっている」

意識のマトリックスにビジネス、金融、投資の新しい創造的なパターンをつくり、望む富を手に入れるには、次のステップを踏む。

1 サイキック瞑想し、サイキックな導きが欲しい具体的な事柄に意識を集中する。

2 安全と経済的安定のサイキック・マトリックスをつくりはじめたら、サイキック・センターに次のような指示を送る。あなたのビジネスや財政にあった文句を考えてもよい。

「私はいまサイキック・センターに、将来のビジネスと経済的成功のマトリックスをつくるよう指示している。宇宙精神の銀行に、行動、アイデア、プログラムの創造的なパターンを通して製品を売ったり、有利な契約を結んだり、私の創造性を発揮できる効果的な経路を見つけたりできるようにして欲しいと頼んでいる」

Example　サイキック・マトリックスで一万ドルを引き寄せた男性

広告会社に勤める男性が、昇進と昇給を望んでいたが、実現が難しそうだった。そこでサイキック・マトリックスをつくり、現金一万ドルを求めた。一万ドルのサイキック・イメージをありありと思い浮かべるために、私はチェース・マンハッタン銀行の貨幣博物館へ行くよう勧めた。博物館は五〇丁目とアメリカズ大通りの角にあり、ガラスケースの中に一万ドルの札束が展示してあった。その一万ドルの札束に意識を集中し、サイキック・マトリックスに映像を映し出すのだ。すると、近い将来、一万ドル以上のお金を引き寄せるようサイキック・センターが働きだす。

男性は数回、意識集中の練習をした。また毎日の瞑想でサイキック・マトリックスをつくった。すると二ヵ月もしないうちに、テレビCMのアイデアが浮かんだ。そのアイデアで、男性は一万ドルの特別ボーナスをもらったのだ。男性はさらに別の成功も手に入れ、ふたたび一万ドルのボーナスを手にし、一年後には自分で広告代理店を設立し、たちまち二五〇〇万ドル相当のテレビ、雑誌、新聞の広告契約を結んだ。

3 サイキック・マトリックスに、お金と同等の価値を持つものを入れる。お金自体には価値はない。お金は食べたり飲んだりできない。だが、お金と同等の価値を持つものは多い。貸家、食物、医療、贅沢品、旅行、美しい家具、車、文化財、安全などには、お金と同等の価値がある。サイキック・マトリックスにこうした価値あるものを入れたと信じ、その原型をサイキック・センターに送るのだ。

「私はいま、サイキックなパワーとエネルギーの中心であり、スピリチュアルな活動の渦を巻き起こしている。この活動が、お金とそれに等しい価値のあるものを私の軌道に引き寄せる。

私はお金と同等の価値をもつものをサイキック・マトリックスに入れる。家、家具、車、旅行、宝石、栄養のある食べ物、きれいな衣服、文化財、贅沢品、安全など、成功と富がもたらすあらゆるものを望む。私はこうした富を私と家族にもたらす宇宙のマトリックスに、サイキック・エネルギーを放射する」

サイキック・マトリックスを使って日常の問題を解決したり、人を動かしたり、環境を変えたりするには、次のテクニックを使う。

影響を与えたい相手をえらんで、サイキック瞑想する。相手の写真を持つか、相手の顔を意識の前額中央部に置く。一度に一人を思い浮かべる。サイキック・エネルギーを相手の心に集中し、相手の名を呼び、してほしいことをいう。たとえばジョンになにかを望むとしよう。

「ジョン、私は、お互いのためになることをしてほしいという思念を送っています。私の望む昇進をあなたは叶えてくれるでしょう。私は熱心に働き、給料以上の成果をあげています。会社の役に立っています。私は昇進してもっと良い仕事につくべきです。私はサイキックな思念波を放射します。あなたの意識のマトリックスに、私にふさわしい昇進をあなたが決めるように促します」

日常の問題を解決するために、本書で紹介したほかの方法と同じく、サイキック・マトリックスも使える。

サイキック瞑想して解決したい問題を紙に書く。意識の中にサイキック・マトリックスをつくる。マトリックスの中から問題を取り除き、かわりに手に入れたい状況を入れる。

まったく新しい人生を築くには

将来、まったく新しい人生を築きたかったら、新しい人生に望む要素を入れたサイキック・マトリックスをつくる。その方法は――

1 手に入れたい新しい人生の完全カタログを持ってサイキック瞑想に入る。やりたい仕事、稼ぎたい金額、つきあいたい友人、欲しい家、住みたい場所、所有物、開発したい才能など、なんでも手に入れたいものをカタログに入れる。

2 もっとかんたんにサイキック・マトリックスをつくり、新しい人生を築くことにサイキック・エネルギーを集中するには、新聞や雑誌から欲しいものの写真を切り抜くとよい。切り抜きによってサイキック・マトリックスがより効果をあげた例を紹介しよう。

ある一五歳の少年が、筋肉質の強い身体になりたいと願った。ミスター・ユニバースのスティーヴ・リーヴズの写真に意識を集中し、自分が筋肉質で強い身体になったイメージを放射した。少年はサイキックな導きによりボディビルのコースを受講して強健な身体を手に入れ、数年後にはミスター・アメリカにえらばれた。
ある若い女性がポップ・シンガーになりたいと願った。有名歌手の写真を切り抜き、レコードを買ってくり返し聴き、脳のサイキック・センターに有名歌手の霊気を入れた。そして一年間、歌の勉強をし、とうとうあるグループのシンガーとしてレコード・デビューし、いまでは人気ポップス・シンガーとなった。

3毎日三〇分以上、サイキック・マトリックスに次の指示を入れてサイキック・センターに送る。将来の新しい人生に望むものを具体的に数えあげるのだ。
「私はいま、否定、失敗、貧乏、不幸をまねく過去の鋳型をこわした。人生のあらゆる面で安全、幸福、成功、成就の原則にもとづく新しいサイキック・マトリックスをつくっている。新しい仕事、より高い収入、経済的な安心、健康、幸福、人づきあいと愛の成就を放射する」

サイキック・マトリックスで魅力的な人格をつくり、リーダーシップを発揮して重要人物を引き寄せるには、次のステップを踏む。
サイキック瞑想をして、サイキック・センターのパワーをなりたい魅力的な人格に集中する。寛容、やさしさ、正直、美、愛、幸せ、楽観主義などだ。これらの資質を超意識のサイキック・マトリックスに入れて確信すれば、望んだとおりの人格になれる。

「私はいま、宇宙のサイキック・マトリックスに、寛容と慈悲の性質を放射します。私が与えたものは、戻ってきます。出会う人すべてに微笑み、やさしさ、思いやりを贈り、お返しに愛と友情を受け取ります」

Example 魅惑の声のサイキック・マトリックスをつくって不動産を売った

私がサイキック・マトリックス法を教えたある若い男性は、優柔不断で気弱な性格で、特別な才能には恵まれていなかった。弱々しく内気な声で話し、優柔不断さが態度に現れていた。そこで青年はサイキック瞑想をして導きを求め、夜間の話し方教室に通えというアドバイスを得た。不動産の講座も勧められた。まもなく青年は魅力的な性格になり、人を引きつける堂々とした声で話せるようになった。西海岸でも有数の不動産セールスマンとなり、一年間で一〇〇万ドル相当の不動産をビバリーヒルズやベルエアの富裕層に売った。

サイキック・マトリックスをつくって、人生に必要なお金、重要人物やものをもっと引き寄せることができる。そのやり方を紹介しよう。

1 引き寄せたいお金やものを磁気化する。それにはまず、ロックフェラー、モルガン、ヴァンダービルド、ゲティ、バルーク、フォード、モーゲンソーなどの大富豪の生涯をまなぶのだ。そしてサイキック・マトリックスに大富豪が使った方法を入れる。彼らの成功の秘訣を記した本を図書館で借り、その内容をサイキック・センターのマトリックスに染み込ませるのだ。

2 成功者が持っていた資質をコピーすることに意識を集中する。望ましい資質のサイキック・マトリックスをつくれば、サイキック・センターは自動的に富と成功の道へと導かれる。

成功者が持っていた資質の例は――

好奇心、忍耐力、無私、決意、楽観主義、人類愛、我慢、信頼、意志、自信、熱意、勤勉、ヴィジョン、善、向上心、大志、幸福、慈悲

サイキック・マトリックスを使ってなくした物や秘宝を見つけるには

なくした物や秘宝を捜すやり方は次のとおり。

1 大事な物をなくしても、頭に血を上らせてうろたえない。サイキック瞑想をし、宇宙精神に助けを求める。サイキック・センターに次の文句を刻み込む。

「宇宙精神にとって、なくなった物などありません。すべての物は、見えない磁力の紐で宇宙精神につながっています。私はいま、なくした物に波長を合わせ、サイキック・センターに、

ありかに導いてほしいと頼みます。なくした物も、この時空の中に存在しています」

そして静かに瞑想をつづけるか、ふだんの活動に戻る。思いも拠らぬやり方で、なくした物へと導かれるだろう。

2 サイキック・マトリックスに次の指示を送る。

「私はいま、宇宙の宝庫にひそむすべての宝を私の人生に送り込むよう、宇宙のパワーに指示しています。健康、幸福、友情、愛、あらゆる自然の恵みからくる喜びといった金色に輝く宝を、私のものであると宣言します。ラジオ、テレビ、映画のもたらす美、教育、娯楽、それに本、音楽、美術作品、あるいは美術館、図書館、博物館、公共輸送機関などの公共の宝も、すべて私のものです。私はミダス王と同じくらい裕福であり、宇宙と宇宙にあるものすべてを所有しています」

生きる幸せをすべて達成する

愛と結婚の完全なイメージをつくれば、ソウルメイトを引きつけ、自分の家族、美しい家、プライベートでの完全な幸せを得たいという望みを達成できる。次のステップを踏んで、サイキック・マトリックスに望むものを刻み込もう。

1 サイキック瞑想をして、引き寄せたいソウルメイトの理想像に集中する。すでに知っている人なら、相手の顔を思い浮かべ、サイキック・センターに次の指示を送る。
「私はいま、いとしい人に愛を送っています。彼女（彼）は私のソウルメイトとしての資質をすべて備えています。二人をつなぐサイキック・パワーの赤い糸を活気づけ、彼女（彼）の心にも同じ思いをかきたてています。私は彼女（彼）と結婚して、家を建て、子どもを育て、心地良く安全な家庭をつくって将来をともにしたいのです」

2 サイキック・マトリックスに刻み込みたい理想の自分を思い描いて、サイキック瞑想する。一度に一つの性質に意識を集中する。たとえば誠実さ、善良さ、真実、魂の美しさ、輝き、幸福、無私、やさしさ、共感、思いやり、忍耐、理解などだ。あなたがそうした資質を備えていれば、あなたの魂は、そうした理想の相手と同じ波長で振動できるだろう。

第14章のサマリー

1 目に見えないサイキック・マトリックスを使って、人生に奇跡を起こす。
2 宇宙のマトリックスに思念波を送って、望みを実現する方法。
3 サイキック・マトリックスを使って将来の人生を築くプログラム。
4 サイキックな生物時計に、若さ、健康、幸福、長寿をセットする。
5 安全と経済力のサイキック・マトリックスをつくって将来の財産を築く。
6 サイキック・マトリックスの原理で一万ドルを手に入れた男性。
7 サイキック・マトリックスを使って問題を解決し、まったく新しい人生を築く方法。
8 サイキック・マトリックスで一年間に一〇〇万ドル相当の不動産を売った青年。
9 大富豪の資質を、成功と富をもたらすサイキック・マトリックスに入れる。
10 サイキック・マトリックスを使って完全な愛と幸せな結婚を手に入れる。

サイキック再生で
心と身体を甦らせるには

スペインの探検家ポンセ・デ・レオンは、若さの泉を探した。奇跡の水が肉体を再生して長寿をもたらすと信じていたからだ。

いま、人間は同じ目的、長寿のために化学製法や科学的方法を求めている。あらゆる場所を捜しているのに、人間の心の中だけは手をつけていない。だが脳と身体の細胞に新しい生命、エネルギー、長寿をもたらすサイキック再生の秘密は、人間の意識の中にある。

あなたの体内にはサイキック・パワーがある。病気になったら、そのパワーで癒すことができる。

あなたの身体は、数年ごとに新しくなる。三〇〇億以上もの体細胞は、数年で再生するからだ。あなたの身体はどの部分も、数歳以上は年を取っていないのだ。

宇宙のエネルギーと磁気にアクセスするには

外宇宙から、目に見えないエネルギーの粒子と磁気が地上に降り注ぎ、すべての生き物を成長、進化させている。この輝く生命力が宇宙磁気であり、それを受け取って正しく使えば、若さ、活力、長寿、健康を手に入れられる。しかし否定的なサイキック・パワーにせき止められれば、体内の腺のバランスが取れなくなり、器官にバランスの良い生命エネルギーがまわらなくなる。そうしたときに、身体は病気になる。生命、健康、若さという宇宙のリズムからはずれ、長生きできなくなる。

生命のリズムをコントロールするサイキック・パワーには、前向きな要素を投入し、身体を衰えさせ老化を早める否定的な要素は減らす方法をまなぼう。

サイキック・パワーが制限されると子どもの成長が遅れる

ジョンズ・ホプキンズ大学医学部で行なわれた一三人の子どもの研究により、正常な生命リズムが否定的な感情によって邪魔されると、子どもの成長がひどく遅れることがわかった。こうした子どもは、両親の喧嘩が絶えない家庭に育っていた。両親の不仲で子どもの不安がつのり、体内の腺に悪影響が生じ、成長が止まっていた。

不安定な家庭を出て施設に収容された子どもの成長率は目に見えて回復した。だが家に戻されると、成長率がふたたび下がった。科学の研究により、こうした感情的なストレスにさらされた子どもは、松果体から成長ホルモンをわずかしか分泌しないことがわかった。

サイキック・センターは身体の機能をコントロールする

脳のサイキック・センターは、成長、代謝、消化吸収、血流、治癒率などの生命機能を自動的にコントロールする。だから呼吸も心臓の鼓動も一日中つづき、意識しなくても食物は消化される。

こうしたサイキック・センターの働きは、感情を意識的にコントロールすることによって、またすべての生命を成長させる宇宙磁気を引き寄せることによって、衰退させたり促進したりできる。体細胞内の磁気と電気は、人間に生命力を与える宇宙の要素であることが、科学研究により明らかになっている。

脳と身体でサイキック・パワーはどんな場合に制限されるか

宇宙磁気であるこの生命力の働きを、体内で制限するのはなんだろうか。

心と身体から否定的なパワーが取り除かれれば、人間は二〇〇歳以上生きられると、多くの生物学者や生化学者が考えている。

意識にひそむ否定的な感情は、脳と体細胞内の磁気や電気を破壊する。そして細胞にひそむサイキック・パワーをすり減らし、細胞は再生して若さを保つ能力を失う。血液と組織が酸化し、身体の老化が早まり、細菌と闘う力がなくなり、病気は長引き、寿命が短くなって長生きできなくなるのだ。

宇宙磁気を破壊する否定的な感情

以下にあげる否定的な感情は宇宙磁気を破壊し、病気、老化、事故や死を早める。否定的な感情を持たないようにすれば、脳と体細胞内のサイキック・パワーが身体を再生し、若さと健康を保てる。

❶恐怖 ❷憎しみ ❸心配 ❹後悔 ❺嫉妬 ❻復讐 ❼利己主義
❽貪欲 ❾妬み ❿怒り ⓫悲観 ⓬欲求不満 ⓭苦悶 ⓮不安

これら一四の否定的な感情は、宇宙磁気を破壊し、サイキック・パワーをせき止める。サイキック・パワーこそが細胞に成長のしかたを教えて再生させ、若く健康で活力のある身体を保ち、一〇〇歳以上の寿命をまっとうさせてくれるのだ。

否定的な感情は死をまねく化学物質をつくる

心に衝撃を受けたある女性が、糖尿病になった。カエル嫌いなのに突然、アマガエルがドレスに飛びついて、恐怖にふるえたからだ。

もうひとつ、否定的な感情が身体の化学バランスをくずした例がある。ある女性の目の前に、国防省から戦死の通知を受けていた息子が突然、姿を現したのだ。女性は衝撃のあまり、糖尿病になってしまった。

有毒化学物質で怪物が生まれた

こうした説の正しさを証明した化学実験がある。鶏卵を使った実験である。鶏卵に少量の毒を注射したのだ。使ったのはニコチン、アルコール、酸である。注射のあと受精卵は孵化《ふか》させられた。二一日間、抱卵した後、卵はすべて孵《かえ》った。だが生まれてきたのはモンスターだった。毛がないヒナ、心臓が体外にあるもの、頭が二つあるもの、目や足がないものが生まれた。すべてのヒナで、成長の完全なパターンが歪められ、破壊された。モンスターとなってしまったのだ。

前向きな感情は、健康と長寿を約束する宇宙磁気をつくる

否定的な感情が病気、老化、早死といった制限をもたらすのとは反対に、前向きな感情は、健康、活力、若さ、一〇〇歳以上の長寿を与える宇宙磁気をつくり出す。

そうした前向きな感情とはなにか、また毎日の活動にどう利用したらよいかを見てみよう。前向きな感情は自動的にサイキックな導きのスイッチを入れる。体細胞に磁気と電気を生み、

高齢まで若々しく元気でいられるようにしてくれる。そうした前向きな感情とは――

❶愛　❷心の平和　❸幸福　❹楽観　❺希望　❻慈悲　❼自信
❽無私　❾善　❿期待　⓫勇気　⓬共感　⓭信頼　⓮安全
である。

前向きな感情を使って宇宙磁気を貯え健康になる

以下に、健康になるための毎日のプログラムを紹介する。

1 否定的な感情に注意し、毎日、そうした感情に支配されないようにする。恐怖は、自信に置き換える。自信は脳のサイキック・パワーのスイッチを入れ、落ち込んだり邪魔されてくじけそうになったりしても、勇気と自信を持って行動できるようにしてくれる。

2 聖書の詩篇二三と九一を覚え、恐怖や不安に襲われそうになったらくり返す。

3 サイキック・センターのクモの糸から前向きな感情を流し込み、心のサイキック・バッテリーを毎日、充電する。リストにあげた前向きな感情を一日一つ取り上げて、毎日セッションをする。壁に一週間の予定表を張り、毎日、感情をひとつずつ取り上げる。その日は、できるだけその感情にひたるようにする。そうすればサイキック・センターにある磁気の感情チャージが高まり、脳と体細胞に生命力とサイキック・エネルギーの磁気が放出される。一週間の予定表の例をあげよう。

「**月曜日：愛**」きょう、私は愛を意識して過ごします。出会う人すべてに愛を放ち、私を傷つけた人をすべて許します。

「**火曜日：心の平和**」きょうは一日中、サイキック・センターに心の平和の霊気を集中します。きょうは誰も否定的な行動によって、私の心の平和を邪魔することはできません。

「**水曜日：幸福**」きょう、私は幸福を意識して過ごします。私は幸せで、家でも職場でも知らない人にも、幸福を放射するよう努めます。

「**木曜日：楽観**」一日中、楽観的な気分を放射します。なにごとも明るい面を見て、私が関わるあらゆる状況で善を期待します。

「**金曜日：希望**」今日はサイキック・センターに希望を刻み込みます。私は将来に希望をもちます。考えや言葉に希望を放射します。

「**土曜日：慈悲**」私は今日、ほかの人への行動に慈悲を込めます。私はやさしく、寛容で、理解があり、人を助け、出会う人すべてに微笑み、思いやりや奉仕をささげます。

「**日曜日：自信**」今日は一日、自信を表現します。自分に自信を持ち、サイキックな導きにより必ず天命が見つかるものと信じます。

4深呼吸とリズミカルなウォーキングをして身体に宇宙磁気を呼び込む。一〇数えながらゆっくり息を吸い、息を止めて四つ数え、四つ数えながら息を吐く。息を止めている間、身体は磁気を浴びて緊張しているはずだ。老廃物や毒物を排出し、身体を再生したいときは、いつでもこの再生深呼吸をする。起床時をはじめ、煙草や酒でストレス解消するかわりにこの呼吸法を一日中、行ない、エネルギーを一新する。一日一〇回から一五回、腹式呼吸をして息をたっぷり吸い込む。呼吸は不老不死の妙薬だ。吸い込む酸素には磁気、電気、放射性物質がたくさん含まれており、エネルギーを補給し、健康で活力にみちた身体を保ってくれる。

5リラックスした状態のとき、ゆっくりと呼吸して、身体の代謝スピードを落とす。カメは一分間にわずか二、三回しか呼吸せず、一〇〇年から二〇〇年も生きる。ハトは一分間に二五回から三〇回も呼吸し、寿命は短い。サイキック瞑想中にゆっくり呼吸すると、体細胞に宇宙磁気が貯えられ、長寿、若さ、健康、活力をもたらす宇宙のリズムに合うように代謝スピードを下げられる。

6リラックスして宇宙磁気を脳と身体の細胞に貯える方法をまなぶ。身体から老廃物を取り除く助けになる。西洋文明は野心と拝金主義が過ぎて、緊張のあまり自らを滅ぼしているのだ。

7サイキックな導きがやって来て、健康や人生を脅かす危険から守ってくれると信じよう。毎日サイキック瞑想をして、その日の導きを受け取るのだ。サイキックなやり方で直観的に、どう生きて、なにを食べ、どうやって危険を避けたらよいか導かれるだろう。

8 食事や運動のしかたを教わり、身体のエネルギーや生命力を保ち、老化を遅らせ、一〇〇歳を超えても活動的でいられるために、内なるサイキックな導きに従う。

サイキック・センターは、宇宙精神とのコミュニケーションを阻まれないならば、なにを食べたらよいか、どう生きたらよいかが直観的にわかるのだ。

なぜ一〇〇歳以上、生きられるのか

一〇〇歳を超えて生きた一六五人の科学的研究が行なわれ、ほとんどの人が直観に導かれて生きたことがわかった。誰もが同じ食事法や運動をしたわけではないが、自分に合っていると信じた方法を実行していた。暗にサイキックな導きを受けていたのである。

彼らがとった方法をあげておこう。いくつかを採用すれば、長寿と健康に近づくことができるだろう。

Ａ 食べたいものを食べた。偏食や厳しいダイエットはしなかった。
Ｂ 栄養をとりたいときに食べた。満腹になるまで食べ過ぎなかった。
Ｃ 一生勤勉に働き、運動はあまり気にしなかった。

D たいてい信仰心が篤く、神を信じるか強い信念を持っていた。
E たいてい冷静で穏やかに暮らし、怒りなどの感情が高ぶることはめったになかった。
F たいてい幸せな結婚をし、家族との触れあいに時間をたくさん割いた。
G だいたい中流の暮らしをしていたが、金持ちでなくても安全で幸福だと感じていた。
H 社交にはそれほど熱心ではなく、カクテルパーティなどの集まりにしょっちゅう参加したりしなかった。
I ほとんどが飲酒喫煙をしなかった。飲酒喫煙しても適量だった。
J めったに病院に行かず、薬も飲まず、健康を気遣う人より病気にかからなかった。
K たいてい楽観的で、良いことが起こると期待していた。
L スピリチュアルな考えを持ち、来世や神を信じていた。無神論者はいなかった。
M 静かな生活を送り、心配や不安に悩まされることはあまりなく、旅行や珍しいことをしたいという欲望もなかった。家庭的な人びとだった。

健康と長寿については、内なるサイキックな導きに従う

健康と長寿に関してサイキックな導きに従っていれば、正しいときに正しい事柄に導かれ、宇宙磁気、健康、活力がもたらされる。サイキックな生命力を否定的な感情でそこなわず、身体に毒物を入れないように気をつければ、サイキックな生命力を維持して、健康と活力にみち

て一〇〇歳まで有意義な人生が送れる。現代病のほとんどは、ストレス、心配、恐怖、間違った食事や呼吸のせいで起こる。だがサイキック・センターはあなたが正しい行動をとるよう導いてくれる。毎日のセッションでサイキックな導きを受け取る練習をすればよいのだ。

第15章のサマリー

1 外宇宙から地上に降り注ぐ宇宙のエネルギーと磁気にアクセスする方法。
2 家庭不和と否定的な感情で子どもの成長が止まった。
3 脳と身体のエネルギーの流れを阻害し、病気や短命をまねく力。
4 宇宙磁気を破壊し寿命を縮める一四の否定的な感情。
5 否定的な感情は、死をよぶ化学物質をうみだし、腺のバランスをくずし病気にさせる。
6 鶏卵に有毒化学物質を注入する科学実験で、モンスターが生まれた。
7 健康と長寿をもたらす生気にみちた宇宙磁気を生む、前向きな感情。
8 体細胞に電気と磁気をもたらし、健康と長寿を約束する一四の前向きな感情。
9 前向きな感情を使って宇宙磁気をうみだす方法。
10 サイキック・パワーと磁気をつくって寿命を延ばす一週間予定表。
11 一〇〇歳以上生きた一六五人の調査。彼らはどうやって健康を保ったか。
12 健康、食事、長寿に関して内なるサイキックな導きに従う方法。

第16章

サイキック同調で過去の天才とつながるには

過去の偉大な天才と話して、すばらしい知性から情報やアドバイスを得られるとしたら、なにに変えてもそうしたいと思うのではないだろうか。

ガリレオの精神に波長を合わせ、その思考の秘密を知ることができたら?

レオナルド・ダ・ヴィンチやミケランジェロの精神に波長を合わせ、芸術創作の秘密を聞けたらなんとすばらしいことだろう。

ヴァンダービルトやJ・P・モルガンの意識とつながり、財産を築く秘訣を聞けたらと思わないだろうか。

エディソン、リンカーン、コロンブス、アインシュタイン、カーネギー、ジョージ・ワシントン・カーヴァーなど、こうした天才は、いまなお別の時空の次元に存在している。あなたはサイキック・アンテナを彼らの思念に向けて、導いてもらうことができるのだ。

あなたにはサイキック・アンテナがある。それをどんなサイキック波長にも合わせられる。過去の天才から情報や導きを受け取ることができる。

ラジオやテレビのチャンネルをさまざまな局に合わせるように、サイキック・センターも偉大な思考やインスピレーション、独創的なアイデア、知恵やパワーの源に合わせることができる。それを使ってあなたも創造的な天才になれるのだ。

サイキック・パワーが人間に魂の翼を与えた

「人間よ、翼を生やせ」と、五〇〇年近くも前にレオナルド・ダ・ヴィンチは、世界初の飛行機のスケッチに書き込んだ。人間は宇宙精神のパワーとつながることによって、まさに翼を生やした。ジェット機の翼やロケットという翼だ。おかげで人間は、時速三〇〇〇キロのスピードで飛翔できるようになった。

人間はラジオやテレビの電波を放ってたちまち遠隔地に届けることができるし、音声やカラー映像を伝達することもできる。過去の人が見たらきっとびっくりするだろう。電話番号を入力すれば、数秒もしないうちに大陸や海を越えて人の声が聞けるのだ。

パロマ天文台の電子望遠鏡を覗けば、驚くほど近くに天体が見える。これはガリレオの意識が生んだすばらしい創造だ。ガリレオの意識が初めて、望遠鏡の原理を考え、完成させたのである。

電子顕微鏡を覗けば、驚くほどに拡大された形と色の新しい世界が開ける。生命についての新しい洞察も得られる。パスツール、ニュートン、エディソンらのサイキック・インスピレーションを使って、あとにつづく科学者たちは、謎めいた微小世界についての新たな発見をしたのだ。

私たちは自然の産物の秘密を覗き、新しい原子配合や分子配合をつくって物質の性質を変える方法をまなび、人間が利用できる新しい化学物質や新製品をつくっている。バーバンクらの先駆者がつながることのできた宇宙精神のサイキックなレベルに、私たちもいまなおアクセスしているのだ。

あなたの魂は過去の時代を覚えている

あなたの魂は、別の次元に去った過去の偉大な人物の波長に合わせて、過去を思い出すことができる。思考やインスピレーションが死滅することはない。種にひそむバラのつぼみが、たとえ冬には降り積もる雪に覆われていたとしても春には花開くように、魂が不死であるという思い出は、凍える風の中をも生き抜き、死の冬の絶望を打ち砕く。魂は別の時空の次元に住み、希望と信仰と生命の春がやがて巡ってくる運命を知っているのだ。

見えない領域にいるサイキック・メンターをえらび、相手が創造に使った波長にあなたも合わせることができる。メンターのサイキックな思念に導いてもらえる。ちょうど、現世の教師があなたを指導し、知識、インスピレーション、達成欲を与えてくれるように。

あなたのまわりを幻の思念波が囲んでいる

あなたがいま座っている部屋には、目に見えない形、声、音楽が充満している。部屋はからっぽで自分しかいない、とあなたはいうかもしれない。うずまく混乱が見えず、絶え間ない話し声が聞こえないのは、物質が障壁となり、あなたの意識が巧妙に遮られているからだ。

だが、サイキックなスイッチをひねるだけで、あなたは音と空間の別の次元に入れる。時空の次元にあふれる、見えない形を見て、幻の声や音楽や音を聞くことができる。そうしたパワーの住む次元に、あなたのサイキックなラジオやテレビのチャンネルをただ合わせるだけでよいのだ。

これは、過去の天才が、見えない次元とつながるときに使った方法である。そうして音楽、美術、詩、小説、発明、新製品などを、時の子宮から取り出したのだ。宇宙の魂の見えない領域に同調し、特別な波長を見つけ、名作をつくるインスピレーションを得て、天才とたたえられるようになったのだ。

サイキック同調により、過去の天才から導きを得るには

1 まず、サイキック・センターで思念を受け取りたい天才について詳しく知ろう。それには天才の生涯や作品をまなぶことだ。習慣、友人、価値観、信仰、思い込みを知ろう。サイキックな思念を受け取りたい天才をえらび、その天才の人生と業績を図書館で調べよう。その人物に関する本をすべて読んでからサイキック瞑想し、天才とその創造的な思考に意識を集中して、あなたの魂の波長を天才の波長に合わせる。サイキック磁気引力の法則により、えらんだ天才そっくりの思考やアイデアを引き寄せていることに気づくはずだ。

2 偉大な天才とその業績について、次にあげるようなリストをつくる。情報やインスピレーションを得たい天才をえらぶ助けになる。アクセスしたい天才は、何人でもよい。人生と業績をまなんだら、天才の思考パターンの振動にアクセスする。天才の光輝ある意識から生まれた思考パターンは、いまなお宇宙に存在している。

ピュタゴラス
偉大な数学者、哲学者。物質の振動理論を発見し、原子構造や分子構造を知っていた。

ガリレオ
地球が太陽のまわりを公転していることを発見した。また望遠鏡を発明した。

ニュートン
ガリレオが実験でさぐった引力の理論を証明した（物質にはこの不思議な引力があることをニュートンが発見したことから、空気より重い機械である飛行機が地球の引力に逆らって浮上し、空を飛ぶ道が開かれた）。

コロンブス
未知の世界を探検し、地球は丸いことを証明した。当時、地球は平らだとされていた。

ベンジャミン・フランクリン
電気が存在することを証明した。すぐれた作家、政治家、発明家だった。

エディソン

史上有数の発明家。

ライト兄弟

飛行機を発明し、初飛行に成功した。

アインシュタイン

一般相対論で原子時代への道を開いた。相対論では物質のスピリチュアルな性質と、物質が実在しないということを証明した。

キュリー夫妻

ラジウムを発見した。

アルベルト・シュバイツァー

アフリカの医療と科学的啓蒙に献身した。

ガンディー

祖国インドの独立に尽くした。

ソクラテス、プラトン、アリストテレス

偉大な啓示により、人類の哲学的思考を深めた。

ダーウィン

進化論と種の分化説によって、生物学に秩序をもたらした。彼の理論は、世界の始まりについての科学的概念を一変させた。

レンブラント、ミケランジェロ、レオナルド・ダ・ヴィンチ、ラファエロ、ティツィアーノ

美術の天才。すばらしい美術作品を創造し、その後の美術の基準を変えた。
シェイクスピア、ミルトン、キーツ、シェリー、バイロン、ディケンズ、バルザック、フローベール
詩、小説、戯曲に天分を注ぎ、インスピレーションによって高貴な言語芸術をつくりあげた。
ベートーベン、ショパン、ヘンデル、モーツァルト、バッハ
宇宙の天球の音楽を聖なる振動へと結晶化した。彼らの音楽は人間の意識と心を永遠に祝福しつづける。

天才のリストをつくるとき、偉大な金融の天才やビジネス専門家を忘れてはならない。ヴァンダービルト、モルガン、ロックフェラー、フォード、カーネギー、シアーズなどだ。彼らは世界に大きな富をもたらし、人類の生活を豊かにした。

3 天才リストができたら天才を分類し、あなたの創造力に合った天才をひとりえらぶ。だいたい次のカテゴリーに分ける。

事業家、政治家や指導者、発明家、科学者、美術家、作曲家や音楽家、作家と詩人と劇作家、歌手、俳優、ダンサー、デザイナーなど

4 カテゴリーとそれに属する天才をえらび、その生涯について詳しく調べる。図書館で伝記や

自伝を借りよう。天才がどう生き、考えたかを知ろう。あなたの意識を天才の言葉と哲学でいっぱいにしよう。創作や行動の習慣をまねよう。天才がこの世にいたときと同じ波長に合わせるのだ。

5 えらんだ天才の波長であなたの意識をいっぱいにしたら、一時間以上、サイキック瞑想する。あなたの意識を、その人物の典型的な思考に集中する。相手のサイキックな思念に向けて、次の文句を告げる。たとえばリンカーンをえらんだとしよう。あなたのサイキック・センターに向かってこういおう。「私は、エイブラハム・リンカーンのサイキックな波長にアクセスして、インスピレーションと導きを受け取りたい。いま、リンカーンのヴィジョン、正義、統一、許しに波長を合わせている。リンカーンのサイキック思念波とつながって、私の問題を解決したい」

6 導きや情報を得たい問題を具体的に述べる。リンカーンのサイキック・センターに質問したら、静かに座って答や解決策を待つ。あなたのサイキック・センターは、リンカーンの思考やインスピレーションと同調して振動しはじめる。思考やアイデアがやって来るかもしれないし、答や解決策を内なる声が教えてくれるかもしれない。

7 サイキック会議を開こう。まず、相談したい相手数人のサイキック幻を呼び出す。天才たちが思考やインスピレーションを提供してくれるだろう。たとえば、ディズレーリ、ベンジャミン・フランクリン、アインシュタインの波長に合わせ、思念波を集めたら、すばらしい会議が開けるだろう。すでに彼らの生涯と業績については学んでおり、彼らの波長とサイキックに同調しているはずだ。意識を静めて、三人の天才がサイキック思念波をあなたのサイキック・センターに送ってくるのを待つ。

8 ビジネスや金融の分野でインスピレーションを得たいなら、カーネギー、ロックフェラー、モーガンを呼び出してみよう。ビジネスや金融分野の天才である。宇宙精神にあなたのサイキック波長を放射し、三人の天才から具体的な導きや情報を得たいと望む。すでに彼らの生涯についてはまなんであるので、サイキックな同調はできている。カーネギーにはこんな質問をしよう。「財産を築くにはどうしたらいいですか。どんな透視をしたらいいですか。この事業をはじめてもいいでしょうか」。そして静かに座って答を待つ。瞑想中に答が来なかったら、ふだんの活動に戻る。おそらく答はあとで来るだろう。たとえば投資に関する本を読んでいるとき、突然、サイキックなヒントがやって来る。これは、時間差サイキック反応である。宇宙精神は決してあなたの導きを忘れているわけではないが、必要な時と場所をえらんでいるという証拠である。思いがけないときにサイキックな刺激が来るので、注意しておこう。

エディソンもよく、こうしたサイキックなヒントではっと気づいて、発明上の問題への答を得ていた。

9 ビジネスや経済の問題についてはロックフェラーに次のように質問しよう。「どんな分野が私には適していますか。家族と自分のために経済的な安心を得るにはどうしたらいいでしょうか。いま、不動産、株式、債券に投資してもいいでしょうか」

ロックフェラーの人生と習慣を学んで振動に同調したら、同じ波長に乗っていることになる。瞑想中か、後になって導きがやって来るだろう。

10 サイキックなメンターにえらんだ天才にふさわしいサイキック発動機を使おう。天才たちが使ったサイキック発動機がいくつかある。もっとも強力な発動機は

・あなたと家族をより良くしたいという願望
・我が子に教育を受けさせたいという願望
・裕福になって世界の苦難をやわらげたいという願望
・世界を向上させたいという願望
・世界に平和と同胞愛をもたらしたい願望
・人類愛と神への愛。人類と神に仕えたい願望

ロックフェラーやカーネギーは、金持ちになって自分や家族をより良くしたいと願っていたが、それに次ぐサイキック発動機も持っていた。それは世界の苦しみをやわらげ、世界を向上させたいという願望だった。カーネギーは一生で五億ドル以上も使って、美術、音楽、文化を

通じて世界を向上させた。ニューヨークには有名なカーネギーホールを建設している。また一二〇〇の公共図書館に寄付し、世界に知恵と知識を増やした。

11音楽のサイキックな波長を受け取りたいなら、瞑想してベートーベンやショパンからインスピレーションを受け取ろう。天才たちの作品を聴こう。意識を天才の美しい音楽でいっぱいにして、ピアノ演奏、作曲など、彼らの天分をコピーする導きを求めよう。

すべての創造的なアイデアには、サイキックな倍音がある。音楽にもサイキックな倍音があり、すぐれた音楽の美とリズムにひたれば、サイキック・センターが創造的なインスピレーションで刺激されるのだ。

12すばらしい戯曲や文学を書くためにシェイクスピアのような天才に相談したかったら、天才が作品に使った言葉でサイキック・センターをいっぱいにする。瞑想して天才の思念波からサイキックな導きを求める。シェイクスピアがインスピレーションを得るために使ったのと同じパワーがいまも宇宙の記憶庫にあり、あなたの創造的なエネルギーやインスピレーションの泉として利用できる。

創造的な天才劇作家のサイキック倍音に導かれたいなら、ショーやイプセンの生涯を知ろう。

Example　トマス・ウルフに波長を合わせた作家

この方法を使って作品の質を高めた作家がいる。一九三〇年代後半に亡くなったトマス・ウルフに導きを求めたのだ。この若い作家はウルフの著作、出版された書簡、姉の書いた伝記を読んだ。それからタイプライターの前でいつものように瞑想し、サイキックな導きを求めた。ウルフからはすばらしい文章が降りてきたが、それはウルフの真似ではなく、若い作家の人格が浮き出た独創的なスタイルだった。若い作家のデビュー作は売れ、一〇万ドルで映画化された。この作家は今後も好きなだけ作品が書ける。過去と現在の天才のサイキック倍音を自由に使えるからだ。

13 天才のサイキックな波長に集中すると、宇宙の記憶庫にあるその天才の思念を自動的に引き寄せる。天才の振動する思考パターンは宇宙の霊気と原子のエネルギーの原形質に刻み込まれている。時空を超えてそれを受け取ることができる。電気や磁気や宇宙の放射線が伝わるのと同じ仕組みである。この理論の完璧な例が雪片である。最初は目に見えない水蒸気だったものが、なにかの力によってレース状の構造になり、雪片としての形、大きさ、次元を持つようになる。三次元の存在となるのだ。天才の思念波も四次元に存在しているが、それがなにかの刺激によって、宇宙精神の創造パターンに刻み込まれる。この刺激となるのが人間の意志や願望だ。あなたも天才の思念波にアクセスして、あなた自身の個性や独創性を加味しよう。新しい創造パターンを刻み込むのだ。

Example　この原理を使って裁判に勝った弁護士

ある若手弁護士は、このサイキック刻印の秘密を使って過去の偉大な弁護士の意識を引き寄せ、法廷でインスピレーションと導きを得ている。彼はこれまで、弁護した刑事事件で九五パーセントも勝利を勝ち取っている。過去の天才を何人かえらび、その生涯について詳しく調べ、サイキックな導きを求めてから出廷するのだ。ディズレーリ、グラッドストーン、クラレンス・ダーローなどの天才だ。誰でもよいがこうした天才を一人、法廷でのメンターにえらぶ。三〇分ぐらいサイキック瞑想し、メンターになってもらった天才の思念波からできるだけ情報を手に入れる。それから法廷では、自分の頭と身体ごとメンターになりきる。サイキック・センターが導くとおりに考え、感じ、行動し、話すのだ。メンターにえらんだ天才のサイキック・イメージになりきるのである。

Example　ターナーのインスピレーションで描く画家

輝く日の出や日没の絵で有名な風景画家の友人がいる。画家は月に一回はニューヨークのメトロポリタン美術館を訪ね、過去の偉大な天才とその作品についてまなんでいる。とくにターナーの海景が好きで、ターナーの人生と作品を深くまなぶようにしている。カンバスの前に座り、メンターであるターナーの思念波を呼び出す。するとターナーが導いてくれているのを感じるのだ。

霊感にみちたすばらしい天才とその作品にサイキックに同調するには、まずあなたの魂から凡庸さ、平凡さ、俗悪さを追い払ってからっぽにする。そうした凡庸さには世の中の俗っぽい考え方が染みついている。だからこそ、時代を超えて作品が生き残る天才にサイキックに同調することが役に立つのだ。

14 すばらしい発明家になりたいなら、サイキック・センターを天才発明家に同調させる。綿繰り機を発明したエリ・ホイットニー、エディソン、借り入れ機のマコーミック、ロバート・フルトン、アレグザンダー・グレアム・ベルなどだ。ほかの発明家の生涯を調べてサイキック・メンターにして、発明を導いてもらってもよい。

Example　ある若者がこうして発明家になった

サイキックな導きについてまなんだ若者が、発明家になりたいと考えた。特別なスキルはなかったが、自分のアイデアで世界を助けたいという強い願望を持っていた。財産を築いて、技術教育を受ける費用のない貧しい学生に授与する奨学金をつくりたいとも考えていた。若者はサイキック取締役会をつくってエディソン、フルトン、無線通信のマルコーニを呼び出した。若者は電子工学と自動電子装置に興味を持っていたので、当然、現代の電気知識の源であるエディソンに頼った。毎日セッションをし、サイキック・センターに頼んだ。どうか偉大な天才からこの分野のすばらしいアイデアがもらえますように。

若者は天才と想像上の会話をし、自分のアイデアと理論を説明して、それに対するアドバイスを受け取った。二年のうちにこの若者は、まだ三〇歳にもならないのに機械と電子に関わる発明を二三件も完成させた。そのうち一〇件が大企業に採用され、生涯、特許使用料を受け取ることになった。

天才との対話でサイキック・イメージの助けを借りるとき、あなたの想像力を通してサイキックな啓示がやって来ることが多い。人間の想像力はまさに「宇宙精神があらゆるものを創造する、神の仕事場」なのだ。

第16章のサマリー

1 あなたのサイキック・アンテナを過去の天才の波長に、向けて情報を受け取る方法。
2 知識、パワー、富のサイキック貯蔵庫。サイキック・パワーに波長を合わせれば利用できる。
3 人間が時空を遡って宇宙のあらゆる宝の貯蔵庫にアクセスするため、魂の翼をつくる方法。
4 魂は過去の出来事を覚えている。その思い出にサイキック・センターからアクセスできる。
5 サイキックに導いてくれるメンターをえらび、自分の意識メンターの知識、インスピレーション、願望でみたす。
6 サイキック守護天使はいつもあなたのそばにいて危険から守り、天命成就を助ける。
7 歴史上の偉大な天才の意識にアクセスして、インスピレーションのサイキックな渦をつくることができる。
8 人生のあらゆる面で、過去の天才から導きを得るステップ。
9 サイキックな導きとインスピレーションを得たい分野をえらぶ方法。
10 カーネギー、ロックフェラー、モーガンとサイキック会議を開き、金融帝国建設に導いてもらう方法。
11 偉大な天才のサイキック倍音を引き寄せ、その創造力を毎日の生活に取り込む方法。
12 発明家、画家、弁護士、作家がサイキック同調によって導きを得た例。

第17章

サイコキネマティクスで物質を動かすには

あなたには超意識を使って物質を変化させ、新しい形や物質をつくるパワーがある。精神運動の法則によってサイキック・エネルギーを放ち、アイデアを黄金に変えられる。ほかの人のサイキック・パワーに影響を及ぼし、相手を引きつけコントロールし、あなたを好きになってもらうことができる。

サイキック・パワーを自分の身体に及ぼし、化学バランスを変え、エネルギーを呼び覚まし、細胞を若返らせ、人生のあらゆる面で気力と意欲をかきたてることができる。

物質をコントロールし、変化させるこのパワーが、サイコキネマティクス（精神運動学）である。ギリシア語で人間の精神と魂を現わすpsycho（プシュケ）と行動や動きを意味するkinesis（キネーシス）を組み合わせた言葉だ。

サイキック現象では、デューク大学のJ・B・ライン博士らの実験でわかったことだが、人間の精神はスピリチュアルなエネルギーをうみだすことができ、そのエネルギーはたしかに物質に影響を及ぼすのだ。さいころの実験では、人間が放つ精神エネルギーが、さいころの出目をコントロールできるという結果がでた。

宇宙にはある種のスピリチュアル・エネルギーがある。植物は自然に成長し、なにもしないのに物質が動き、ガラスが陶器を割れるなどの不思議な現象が、そのパワーがあることを示す証拠である。

サイコキネマティクスのパワーを使うには

宇宙には強力な精神エネルギーであるサイコキネマティクスが存在するという科学的事実を、あなたも認めることができるだろう。このエネルギーにアクセスすれば、人生を良い方向に変えられる。ライン博士はこのエネルギーを「サイコキネシス（念動）」と呼んでいる。

サイコキネマティクスのパワーを使って、人生をより良く変えるには

1 体細胞にサイキックな磁気を放射し、より強い生命力とエネルギーを与えるには

Ⓐ欲望という鍵を使ってサイキック・センターの精霊を呼び出し、細胞に新しい生命力とエネルギーをかきたてる。健康、生命、エネルギーを求める欲望だ。

Ⓑサイキック・センターに次の指令を送る。

「私はいま、身体の神経、細胞、筋肉、器官に、サイキック・センターの波長に合わせるよう命じる。私は健康、エネルギー、活力が欲しい。サイコキネシスの法則を呼び起こし、身体にサイキックな意志で刺激を与える」

Ⓒ強くて健康な自分というヴィジョンをつくる。身体が永遠に若く、活力にみちているヴィジ

ョンだ。意識からエネルギーと活力を身体じゅうに放射し、次のサイキックな指示を出す。「私の心臓はいま、宇宙の生命力のリズムで脈打っている。私の胃は、サイキック・センターの法則によって働き、完璧に消化作業をこなしている。私の血液は宇宙の生命と健康のパターンどおりに循環し、脳と体細胞を永遠の生命力で刺激している」

D次に、完璧な身体、若さ、健康というあなたの夢を、現実世界で実際に行動に表わす。生き生きした若さとエネルギーのリズムに乗って歩く。生命の黄金の万能薬を深呼吸で吸い込む。体細胞をダイナミックなエネルギーで再生する。若々しく考え、ふるまい、若者のように行動する。

1 病気になったらサイコキネマティクスを使って癒し、高齢になっても健康を保つ。

A体細胞に健康のイメージを放射する。病気になって、医師に病気だと診断されても、その病気のパターンを体細胞に刻み込まないようにする。宇宙の生命貯蔵庫には健康というサイキック・イメージがある。あなたは毎日、このイメージを引き出して、あらゆる否定的な状態を癒すことができる。生きたいという意志と、生きる目的を持とう。

Bヴィジョンと集中という神秘的な鍵を使おう。内なる目で、完全に癒された身体が毎日うまく機能しているようすを見よう。病気を現実のものとして見ないこと。サイキック・センターからすべての恐怖、心配、憎しみ、不安を取り除く。こうしたものが病気をうむからだ。

C完全に健康で自信があり、落ち着いており、リラックスしているという態度を、実世界に放射する。悲観的な考え方や病気、老齢、もうろくといったイメージを持たないこと。そうすればサイキック・センターから輝くエネルギーを放射できる。そのエネルギーが身体を癒して健康に保ってくれるのだ。

3 ほかの人の心にもサイキック・エネルギーを放射し、あなたの指示どおりにしてもらうには

Ａ あなたの精神に、ほかの人にしてほしいことのサイキック原型をつくる。昇給を望むなら、サイキック・センターに上司の顔を思い浮かべる。夜、一日の活動を終えてから部屋にこもり、ひとりで行なうのがいちばんよい。次の言葉を心の中でも、口に出してもよい。短くかんたんな言葉にしよう。たとえば

「私は昇給してほしい。私はいまの給料以上に働いている。私は給料以上の価値をお返しする。あなたのサイキック・センターに向けたこの言葉を聞いたら、給料を上げてくれるはずだ」

Ｂ 当の相手に会うときはいつも、相手のサイキック・センターにサイキック・エネルギーの金色の糸を伸ばす。相手の心にあなたのサイキック・パワーを浴びせるのだ。金色の糸が相手の脳につながっているヴィジョンを見て、次の言葉を送る。電信機のテレタイプライターのように。

「私は昇給してほしい。もっと給料をください。よりよい仕事に昇進させてほしい。あなたには私の価値がわかっているはずだ。昇給、昇給、昇給！」

Ｃ 人生を改善する誠実な欲望を持つことにより、サイキック・パワーに良い感情を込める。ほ

かの人から良いことがもたらされるというヴィジョンを見る。このサイキック放射で計画したことを実行している自分をヴィジョンで見る。感謝、期待、喜び、幸福の感情を抱く。

Example 愛と結婚のイメージを放射した若い女性

自分の理想をほかの人の意識にサイキック・パワーで刻みつけた例をお話しよう。二二歳の女性が大学で会った青年に恋をした。青年は振り向いてくれなかったので、女性はサイコキネマティクスを使って愛の夢を投射することにした。

三週間つづけたが、効果はなかった。そんなある日、電話が鳴ってボブという青年がフットボールの試合に誘ってきた。女性は試合を応援に行き、二年間も片思いしてきた青年テッドがガールフレンドと来ているのを見た。

女性はこれまで、テッドと恋をして結婚したいという願いを投射してきた。フットボール会場では、サイコキネマティクスを使って暗示を送った。「私はいまもあなたを愛している。だからあなたも私を愛して。あなたは私をデートに誘ってくれる。あなたと結婚したいのよ」。彼女はこんな暗示の言葉を、テッドのサイキック・センターに送りつづけた。すると突然、テッドがひとりで彼女のそばに来て、デートを申し込んだのだ。彼女は自分の電話番号を教え、電話して、とテッドにいった。翌日、テッドは電話をしてきた。そして初めてのデートで、テッドはいった。きみが別の男といるところを見るまで、きみを愛していることに気づかなかったんだ。テッドは、自分のサイキック・センターが、女性の感情投射によって刺激されたことを知らなかった。もちろんふたりは結婚した。ふたりはずっと幸せに暮らしつづけるだろう。

この女性は三つの不思議な鍵を使って、サイキック・センターに住む精霊を呼び出し、助けてもらった。三つの鍵とは、願望、ヴィジョン、投射である。

4 サイコキネマティクスを使ってお金、家、土地、株式、車などの富を手に入れる方法がある。

Ａ お金などを欲しいと思うことで、サイキック・センターに願望を伝える。手に入れたお金や財物でなにをしたいか、具体的な望みをあげる。

Example　財産を引き寄せたメイドと執事

何年か前、カーネギーホールでのセミナーにある夫婦がやって来た。二人は個人セッションを申し込み、自分たちの夢について話した。成功してリッチになりたいという夢だ。当時、二人はニュージャージー州の裕福なやもめの邸宅でメイドと執事をしていた。私は二人に、サイコキネマティクスを使ってお金を引きつける方法を教えた。そのとき執事はこういった。

「でも先生、給料はそんなに高くないし。投資して財産をつくる資金をどうやって手に入れるんです?」

執事が語った二人の夢は、美術の才能があるが貧しくて勉強できない子どもを援助する施設をつくりたい、というものだった。そして夫妻は、本書で紹介した方法を使ってお金と財産を引き寄せはじめ、五年間、私のセミナーに通った。

ある日、ニューヨーク・タイムズの記事を読んで私は驚いた。ある金持ちが亡くなり、プールつきの邸宅を含む五〇〇万ドル以上もの遺産を、二〇年以上も仕えたメイドと執事の夫婦に贈ったというのだ。いつかリッチになって子どもを助けたいという夢を、サイコキネマティクスで投射しつづけた夫婦のことだった。

Bサイキック瞑想で、意識の前額中央部に、手に入れたいものの映像をかかげる。お金なら、そのお金で買うものをヴィジョンにする。一万ドルを望むなら、買いたい家、車、毛皮のコート、株のポートフォリオ、ピアノ、世界一周旅行などのヴィジョンにする。そのお金で欲しいものならなんでもよい。するとお金についてのサイキック・ファックスをサイキック・センターに送ったことになり、欲しいものを引き寄せる動きがはじまる。

Example　ヨーロッパ招待旅行を投射した女性

ニューヨーク・セミナー受講生の女性がロンドンに行きたいと願ったが、先立つものがなかった。女性は宇宙精神に、ヨーロッパ旅行を計画中の見知らぬ人を投射し、その人と旅行している自分の姿をヴィジョンにした。そんな裕福な知り合いはいなかったが、二週間、投射をつづけたある日、彼女に電話がかかった。「私のことはご存知ないでしょうが、友人から、あなたがヨーロッパ旅行の付き添いを無料でしてくれるかもしれないと聞きました」。電話をしてきた老婦人は旅の付き添いを捜していて、この女性のもとにサイキック・パワーで引きつけられたのだ。女性は旅行をし、ロンドンだけでなく、パリ、ローマ、アムステルダムまで無料でまわった。

Ⓒ欲しいものを手にした自分をヴィジョンで見る。物質は意識や魂のパワーに動かされる。宇宙にはスピリチュアル原形質というものがある。創造する精神パワーによって、つねに原形質からものが生み出されている。サイコキネマティクスを使えば、このパワーを行使できる。

Ⓓ手に入れたいもののリストを書く。朝晩、リストを読み上げ、宇宙精神に思念波や映像を放射することに、サイキック・センターのパワーを集中する。新聞雑誌の写真、絵、イラストを使って、ヴィジョンをリアルなものにしよう。

5 サイコキネマティクスを使って、ビジネスやプライベートで人を引き寄せる方法がある。

Ａ 相手のサイキック・センターに、磁力を持つ思念を浴びせ、感情エネルギーをかきたて、相手があなたという存在に気づくようにする。部屋に入って来た人物が磁気のような魅力を放ち、室内にいた全員がその人に注目する場面を見たことがあるだろう。あなたもこういうサイキック磁気を放てるようになる。磁力にみちたパワフルな人格を持ちたいと願えばいいのだ。

Ｂ あなたの意識を、磁力を持った思念でいっぱいにする。善、慈悲、愛、美、平和、幸福、楽観などの思念だ。こうした磁力を持つ思念の流れは、ほかの人の心を刺激する。引き寄せたい相手に会うときは、サイキック・エネルギーを送ろう。心の中でこういうのだ。「私はあなたが好き。あなたも私を好きになる。あなたと友だちになりたい。あなたと共同事業をしたい。お互いに助け合えるはずだ」。言葉や思いは単純なものにする。誠実に、心を込め、相手と自分にとって良い結果となる言葉だけを投射する。

Example　人脈づくりに役立ったパワー

新しい町に越してきたばかりのR夫人は、まだ当地の社交界にはなじんでいなかった。夫は弁護士なので、社交界に受け入れられる必要があった。R夫人はサイキック法則をまなび、サイコキネマティクスを知っていた。この町には社交界の花形夫人がいた。有力判事の奥様で、この女性を中心に社交サークルができていた。R夫人は判事夫人に地元PTAの集まりで会ったが、とくに興味は持ってもらえなかった。

ある日R夫人は、判事の妻W夫人が翌週自宅でパーティーを開くということを耳にした。招かれていなかったR夫人は、サイキック・エネルギーの投射をはじめた。毎日、サイキック精霊を呼び出し、前向きな指令を送った。「Wの奥様、私と夫をパーティーに招待してください。あなたの助けが必要なんです。招待してくださったら、とても感謝します。この町の栄誉になるよう努力します」。R夫人はW夫人のサイキック・センターにメッセージを送りつづけた。パーティー前日の金曜日、R夫人宅の電話が鳴った。W夫人からだった。「PTAの集まりでお会いしましたね。明晩、うちで開くお友だちの集まりにお二人でいらしていただけないかしら。お招きするのが遅くなってごめんなさい」

R夫妻はW宅を訪ね、判事に紹介された。のちに判事は、R氏の価値ある人脈となってくれた。まちがいなくW夫人は、R夫人が放ったサイキネマティクスのパワーによって、サイキック・エネルギーをかきたてられたのだ。

6 サイコキネマティクスを使って、まわりのすべての人を魅力、美、磁気の魔法円に誘い込む。

Ⓐ あなたのサイキック・センターが発するかすかな振動に、人びとは気がつく。内心の考えをサイキック・エネルギーにして放射すると、知らず知らず人びとは反応してしまう。だから人に会うときは、相手を美と魅力のオーラでくるもう。そのためには、自分が金色に輝くオーラ

を放っていると感じること。私はこのオーラを、魔法円と呼んでいる。見えない魔法で引き寄せたい相手を、恋人の腕で抱くように、サイキック・エネルギーの金色の輪を放射するのだ。

Ⓑ魔法円を放射しながら、相手にサイキック・テレパシーを送る。

「私はいま、あなたを美と魅惑の魔法円で包んでいます。金色の愛のオーラを感じるでしょう。そして友情、幸せ、やさしさで応えてくれるはず」

Example　大物歌手がこのパワーを使って聴衆を声で抱きしめた

私はカーネギーホールの楽屋で、満員御礼のコンサートがはじまる前に、大物歌手と話したことがある。私は、大きなパワーと美しい声の秘密はなにかと尋ねた。「ステージでお客さんに向かって歌っているとき、自分の声が恋人の腕みたいに、お客さんを抱きしめているのがわかるの。いちばん後ろのバルコニー席まで、お客さん全員を包んで、みんなを愛していると感じるのよ」

すばらしい歌声の秘密はこれだった。歌手は本能的にサイコキネマティクスの法則を使い、聴衆の心をつかんで抱きしめていた。その歌声は、彼女のスピリチュアルな振動、美、魅惑を反射していたのだ。

Cパーティーに出席した人びとにあなたの思念を送って、サイキック磁力の使い方を練習する。彼らがサイキック・エネルギーの金色の糸であなたにつながれている光景をヴィジョンで見る。生き生きした思念を抱くことによって、その糸を振動させる。友情、価値、美、善、幸福の思念を放つ。サイキック・エネルギーの流れが内なる輝きであなたの顔を照らし、だれもがあなたの魅力に抵抗できなくなるだろう。

8 サイコキネマティクスを使って、創造的な仕事、健康、長寿へのインスピレーションを生む。

Aサイキック・センターから放たれるエネルギーは、あなたの感情でつくられる。創造的な仕事をするためにサイキック・エネルギーをかきたてたいときは、さまざまな感情をこめる。願望という感情は、強力な思念波を生むはずだ。

B名声と財産の願望を持つ。内なるサイキック・パワーが名声と財産への道に誘ってくれる。

Cあらゆる形の美を創造したいという願望を持つ。あなたの創造力にインスピレーションが授けられ、美術、文学、音楽、デザインの作品ができる。

D独創的なアイデアで自分が有名になったというヴィジョンを描く。天才の人生についてまなび、美術家、音楽家、作曲家、作家、デザイナーなど創造的な天才の偉大な思考を真似る。こうしてサイキック・センターを振動させたときに、サイコキネマティクスはもっとも効果を上げる。すでに説明したように、天才の思考過程をコピーすることで、サイキック・センターを振動させることができる。

9 サイコキネマティクスを使ってアイデアを富に変え、魅惑と美の人生を生きる方法がある。

A 「変移」という宇宙の法則がある。サイコキネマティクスによって物質を変化させるときに使うものだ。科学の成果により、遺伝子に紫外線などの物質を浴びせて生き物を変化させ、突然変異、新種の果実、花、野菜、大型のニワトリなどをつくれるようになった。あなたもサイキック・パワーを使って物質を変移させ、形を変えることができる。世界のために役立つ新製品、化学物質をつくり、発明発見ができる。あなたの意識は、いわばアイデアに魂の放射性物質を浴びせるイオン加速装置、サイクロトンなのだ。

B サイキック・センターに、価値ある物質に変えたいアイデアを送る。大儲けできる新事業、発明、劇的なストーリーや歌かもしれない。独創的なアイデアを世界に発表して受け入れられたところをヴィジョンに描く。毎日のサイキック瞑想で、あなたのアイデアを世界に受け入れてもらえるよう、指導を求めること。導きがやって来るはずだ。

ある男性は、小さなボタンホールのサイキック・イメージを放射した。そのアイデアはサイキック・センターから、一〇〇万ドルの財産に変移した。

別の男性は色つきボタンを思いつき、それにより黄金が流れ込んでくることになった。

ほかにも、タイプライター、エアコン、電気掃除機、洗濯機などの家庭電気製品を考えた人びとがいる。サイキック・センターがかきたてられ、発明家が心に描いたものを実際につくるパワーが生まれたのだ。

C サイコキネマティクスのパワーは、創造的な思考の中にある。あなたのアイデアを創造的なパターンにし、製品が多くの人に使われているところをヴィジョンにする。あるいは、新事業で一財産つくるというヴィジョンにしてもよい。

ある男性は数年前、こうしたサイキック・エネルギーをかきたて、行動に移した。男性は小さな手押し車で、自分のつくったアイスクリームを売り歩いていた。だが、彼のレシピに資金を提供してくれる人のヴィジョンをサイコキネマティクスで放射し、ついには世界最大級のレストラン・チェーンの経営者となり、数百万ドルを手に引退した。

Ⓓ裕福で魅力的な人を、自分はなにも努力せずに羨むのはやめよう。いますぐあなたの人生を美、魅力、幸福のパターンに変える行動をはじめよう。サイキック・センターのエネルギーをかきたてるのだ。ほかの人のすぐれた考えをまなぼう。成功者が使った行動パターンをあなたの意識に染み込ませよう。あなたを鼓舞し、刺激を与える人とつきあおう。夜間コースに通って話術をまなび、もっと説得力を持って独創的なアイデアを売り込めるようになろう。

第17章のサマリー

1 サイコキネマティクスを使って意識の力で物質をつくりだす方法。
2 サイコキネマティクスを使って体細胞に磁気と生命力を放射し、健康で長生きする方法。
3 サイコキネマティクス法で創造的なエネルギーを放射し、お金や物を手に入れる方法。
4 サイコキネマティクス法で、ビジネスや人間関係で必要な人を引きつけ、相手の思考をつくる方法。
5 サイキック・センターを刺激してエネルギーを放射し、環境と性格を変える方法。
6 サイキック・センターのパワーを呼び出す三つの神秘的な鍵。
7 サイコキネマティクス法で、人生を少しずつ改善していく方法。
8 サイキック・センターに完璧な身体のイメージを放射し、もっと健康になる方法。
9 ほかの人に前向きでサイキックな指令や暗示を放射し、願いを叶えてもらう方法。
10 動かしたい相手にサイキック・エネルギーの金色の糸を伸ばして、昇給、昇格を獲得したり、あなたの人生を変えたりする方法。
11 欲しいお金、家、土地、株式、債券などの富を手に入れる方法。
12 サイコキネマティクス法でヨーロッパ招待旅行を放射した女性。
13 サイコキネマティクス法で周囲を変え、社交界に受け入れてもらった女性。
14 サイコキネマティクス法を使っている大物歌手。
15 サイコキネマティクス法でアイデアや思考を輝くパワーの流れに変え、人生に富をもたらす方法。

欲しいものを手に入れる
サイキック・プログラミング

欲しいものをなんでも手に入れるサイキック・プログラミングの秘密を知れば、あなたの前にまったく新しいパワフルな世界が開ける。

ボタンを押すだけでたいへん重いロケットを宇宙に飛ばせるように、あなたも意識の中でサイキック・エネルギーの連鎖反応を起こして奇跡的な力を放ち、すばらしい運命を歩むことができる。それにはサイキック・プログラミングのテクニックを使うのだ。

サイキック連鎖反応をおこせば、サイキック・センターに指令、願望、大志、夢、向上心を送り込める。すると意識のサイキックなメカニズムが自動的に働き、あなたが意識にプログラムした状況がおとずれるのだ。

コンピューターの発達により、新しい言葉が生まれた。プログラミングだ。これはコンピューターが複雑な電子ネットワークに統計学的な事実やデータを受け入れることだ。コンピューターの脳にあたる部分がこの働きをする。ある情報が欲しいとき、コンピューターは瞬時に複雑な計算をこなし、問題への情報や答をもたらす。何人もの人間が何週間もかけて行なうことを瞬時にやりとげるのだ。

この同じ原理を、サイキック・プログラミングでも使う。サイキック・センターをコンピューターのように使って、精神テレパシー、透視、直観を得るのだ。サイキック・センターは、磁気と電気の法則にもとづいて働いている。あなたの意識とは独立して動いている。意識も自分で出来事をえらべ、理由を考え、意志力を行使できるが、サイキック・センターのように高度なサイキック・ヴィジョンを持つことはできない。

人間の持つ3つの意識

人間には三つの意識があり、それを使って人生の導きを得ている。それぞれ独自の機能があり、さまざまな目的のためにアクセスできる。

❶顕在意識。五感を通して外界や内心を知覚する。
❷下意識。脳が自動的に呼吸、心拍、血流、消化、治癒などの働きをする。
❸超意識。直観、サイキック現象、透視などの超能力が働く超感覚領域。

顕在意識を使ってサイキック・プログラミングするには

1 サイキック・センターに実現して欲しい出来事、身体、環境、状況をえらぶ。
2 サイキック・コンピューター・プログラムをつくる。望むことすべてを紙に書く。たとえば

A 将来、やりたい仕事
B 望む人づきあい
C 欲しいタイプの友だち
D 欲しい才能
E 欲しい知識や文化
F 将来の愛と結婚
G 住みたい家
H 将来、欲しい家族
I 安心できるだけの収入
J やりたい投資
K 心と身体の健康
L なりたい性格
M 克服したい問題
N なくしたい悪い習慣

特定の目的に使う金額など、ほかにも付け加えることができる。
仕事で助けてくれる重要人物を引き寄せたいと望んでもよい。
人生や環境から、幸せを阻む邪魔を取り除きたいと望んでもよい。

資金がなくても世界のどこかに旅行したいと望んでもよい。
こうした願いを、サイキック・プログラミングを使って意識的にサイキック・コンピューターに入力すれば、手に入れるための導きが得られる。

サイキック・プログラミングに下意識を使う方法

あなたの下意識は、顕在意識と超意識の仲介をしている。超意識はサイキックな刺激を受け取るところである。

下意識に、先にあげた願望をサイキックにプログラムできる。その方法は

1 指示を数回くり返す。書いても、声に出してもよい。そうすると下意識に指示が伝わる。

2 毎日、下意識にこのサイキック・プログラミングをする。暗示は寝る前に行なうのがよい。

3 サイキックな暗示は、それぞれ一〇回はくり返す。いくつ望んでもかまわないが、一度にあまりたくさんの暗示を送って、サイキック・メカニズムに負荷をかけすぎないこと。何週間か何カ月かに分けて願望を伝え、暗示がしだいに、下意識の高性能コンピューターに染み込んでいくようにする。

4 サイキック・プログラミングしたい願望のリストを書き、下意識にもっと強く刻みつける。リストは手書きでつくり、自室の壁に貼って何度も目に入るようにする。起床時と就寝時にリストを読み上げる。下意識を通じてプログラムした願望は、昼夜を問わず超意識に染み込みつづけ、ある日突然、思いもよらぬやり方で、願望を達成するためのサイキックな導きがやって来る。

サイキック・プログラミングで超意識を使う方法

超意識から自動的に、サイキックな領域にアクセスできる。そして直観による導き、精神テレパシー、透視ヴィジョンを受け取り、将来の人生に役立てられるのだ。

超意識にアクセスする方法は

1 サイキック瞑想し、宇宙からサイキック・メッセージを受け取ることに意識を集中する。意識にほかの人の顔を浮かべてその人についての情報を求めたり、外から思考を呼び寄せたりもできる。

2 遠い場所を思い浮かべ、情報が欲しい事柄について透視ヴィジョンを求める。

3 あなたがえらんだ事柄について特別な知識や情報を超意識に求めることができる。

4 問題をどう解決するか、共同事業をしようと思っている相手を信用してもよいか。あの人と結婚できるかなどの質問ができる。

5 超意識に、ある才能が欲しいと希望を出すこともできる。超意識は、絵画、執筆、作曲、発明など、どんな才能でも開発法を教えてくれる。

人生のプログラミングにサイキック刺激剤を使う方法

超意識に潜在するサイキック・パワーを解き放つには、サイキック・センターのコンピューターに、刺激となるアイデア、思考、言葉を送って、アイデアの新しい組み合わせを生み出す。それらはオリジナルな概念やすばらしい思考であり、目的達成に役立つものである。

偉大な天才の言葉がサイキック刺激剤になる。暗記するか書き留めるかして、サイキック・センターにサイキック・プログラミングする。これらの刺激剤はサイキック連鎖反応を起こし、脳のすべての中枢と交信し、独創的なアイデアの組み合わせをつくりだす。そしてサイキック・センターはこうした刺激剤を前向きな行動パターンに変える。サイキック・プログラミング法により、あなたは自動的に目的を達成する方向へと押し出されるはずだ。

刺激剤は、過去の偉大な天才の言葉からえらんでも、ほかの言葉を使ってもよいし、あなたが自分で考えてもよい。こうした刺激剤は、サイキックな導きを求めるどんな分野や事柄にも利用できる。

サイキック・プログラミングの成功例

少なくとも一日一回、脳のコンピューターにサイキック・ヴィジョンを送る。目標が手に入るまでつづける。

サイキックな刺激法を使って一万ドルから二五万ドルまで手に入れた人びとがいる。欲しい家に意識を集中した人は、家の資金を手に入れることができた。ある女性は五〇〇〇ドルもするミンクのコートのヴィジョンをサイキック・コンピューターに送り、ちょうど買い換えたばかりの裕福な夫人から古いコートを贈られた。コートをプレゼントされるまで、二人は話をしたこともなかった。サイキック・コンピューターが、裕福な夫人のサイキック・センターを刺激し、自ら進んで毛皮のコートをプレゼントするように仕向けたのだ。

あるセミナー受講生が、スピーカーつきの高価な家庭用ハイファイセットをサイキック・プログラミングした。この男性には購入する費用がなかった。しかし二週間後、ヨーロッパに引っ越す友人が、プログラムしたとおりのセットをくれたのだ。

将来の出来事に関して、プログラミングのサイキック・センサーを使うには

サイキック・センターにあるサイキック・センサーは、将来の健康、幸福をふやし、生存を脅かすかもしれない行動を避けるよう導いてくれる。

こうしたサイキック・センサーは訓練、教育、道徳の修業などを通して、副交感神経の自動反射となって条件づけられる。

他人の財産を盗もうとしたら、サイキック・センサーが警告する。「盗んではいけない。捕まって投獄されるぞ」。サイキック・コンピューターの警告音が鳴るかもしれない。「汝、盗むなかれ!」

人を傷つけ、殺そうとしたら、正しくプログラムされたサイキック・コンピューターが警告音を発する。「暴力はいけない。処罰されるぞ」。サイキック・コンピューターは、サイキック・センターから警告を叫ぶかもしれない。「汝、殺すなかれ!」

酒、煙草の飲みすぎ、食べ過ぎなどをしようとしたら、サイキック・センサーが超意識のサイキック・コンピューターから警告する。「ストップ! 身体に悪いぞ。適量を守れ」。サイキック・センサーの警告に従えば、健康で長生きできるのだ。

10の前向きなパワーをサイキック・コンピューターに送って、否定的なパワーを克服する

否定的なパワーを克服するときは、少なくとも一日一時間サイキック瞑想する。サイキック・コンピューターに、ここに紹介する一〇の前向きなパワーを送り、将来の健康、幸福、繁栄、平和を保証し、安全を脅かすあらゆる悪い習慣を克服しよう。

次のサイキック防止剤を一日五回はくり返す。カードに書き、毎日一枚ずつ財布にいれ、カードを見るたびにくり返す。やがて前向きな防止剤がサイキック・プログラミングされ、否定的な状況に直面したときには自動的に、意識の前額中央部に前向きなパワーが置かれるようになる。

1 いま、私の習慣と行動を司るサイキック・コンピューターに前向きなプログラミングをするよう、超意識に指示している。私は、心と身体の幸福を脅かす悪い習慣を克服する。意志の強さを発揮して、怠惰、先延ばし、乱雑、喫煙、飲酒、ギャンブルなど、将来をだいなしにするすべての悪い習慣や欠点に打ち勝つ。私の将来に役立つ良い習慣だけをプログラミングする。

2 私はいま、不機嫌、怒り、職場や家庭での喧嘩っ早さなどを克服する前向きな方法をサイキックにプログラムする。頭と心をコントロールするためにサイキックな導きを求める。ほかの人となごやかに過ごしたい。混乱に直面しても冷静でいられ、相手の敵意にも我慢し、人の行

動に怒りを覚えたときにも正しい発言ができるよう、サイキック・センターにお願いする。

3私はふさぎ、落ち込み、むら気、抑うつなどを克服したい。こうした否定的なパワーは私の心の平和と精神的なバランスを壊すとわかっている。私はいま、楽観、希望、信仰、期待、従順などの前向きな力をサイキック・コンピューターに入力する。人生のありのままますべてを受け入れ、喜びと熱意だけを表現する。

4私はいま、あらゆる状況で正直、誠実、道徳的に行動したいという願いを、サイキック・センターに送る。私は不正、嘘、欺瞞、盗みなどの否定的な力を追い払いたい。いま、聖書の十戒、山上の垂訓、黄金律の原理にしたがい、道徳、倫理、霊的な行動をプログラムする。

5私はいま、求める者にはすべてが与えられるという前向きな原則を、サイキック・センターに送る。私は忍耐、寛容、道理といった性質をサイキック・センターにプログラミングしたい。私は自分の天命に出会い、憎しみはもうないということに気づいている。忍耐と寛容を実行しつづければ、あらゆる良いことが私に起こる。

6私はサイキック防止剤の法則を呼び出して、利己主義、自慢、身勝手をなくしたい。私の高次の自己はいつもコントロールできており、高潔、名誉、価値といった性質が行動にも心にも現れているという事実をサイキックにプログラムしたい。私は無私の態度をとる。私が世界に善意を与えれば、つねに報われる。

7 私はいま、愛の心をサイキック・コンピューターに入力する。愛は憎しみ、頑迷、狭量に打ち勝つ。私は同胞、祖国、それにあらゆるものを創造した宇宙精神への愛を表明したい。

8 私はいま、豊かに祝福されており、正義と寛大さという宇宙の法則を認める。会う人すべてを公正に扱い、必要とされるときには慈悲、許し、共感を現わすよう導かれる。

9 私のサイキック・センターはいま自信と平和にみちている。また精神と魂を汚す恐怖、心配、不安といった否定的な力と戦う態度にプログラムされている。私はあらゆる恐怖と、それにまつわる妬み、貪欲、狭量、嫉妬、憎しみを克服したい。

10 他人に向けた敵意の正体は、自分に向けた敵意である。私はいま、他人の欠点を受け入れるという防止剤を使い、世界と人間に対して平和主義をとる。私はまわりの汚れた水に平和という香油を注ぎ、外界には冷静さと落ち着きだけを現わす。

第18章のサマリー

1 サイキック・プログラミング法でサイキック・センターを刺激し、テレパシー、透視、直観を使いこなせるようになる方法。

2 あなたの三つの意識と、サイキックな導きを得るためにそれぞれの意識をどう使うか。

3 やりたい仕事、欲しいお金、手に入れたい愛や人づきあいを、サイキック・プログラミングを使ってサイキック・センターに入力する。

4 サイキック・プログラミングで下意識が果たす役割。精神テレパシーと透視が自動的にできるようになる。

5 超意識のパワーと、サイキック・プログラミングで超意識にアクセスする方法。

6 サイキック刺激剤を使って超意識を刺激する方法。

7 サイキック刺激剤はサイキック・センターにダイナミックな行動を起こさせる。

8 サイキック・プログラミング法でミンクのコートや高価なハイファイセットを無料で手に入れた人の話。

9 一〇の前向きな力。悪い習慣を克服して健康、幸福、繁栄、冷静さを手に入れる。

◉著者について

アンソニー・ノーヴェル　Anthony Norvell

米国有数のスピリチュアリスト。ＡＢＣテレビで自分の冠番組を持つなど絶大な支持を得る。ニューヨークのカーネギーホールでの連続セミナーは記録的な動員数を誇り、同ホールには記念の銘板が飾られている。ライフ誌、ルック誌、アメリカン・マガジン誌、パリ・ソワール誌、アメリカン・ウィークリー誌などの有力誌に寄稿し、長期に渡ってたくさんの人にスピリチュアル・パワーを身につける実際的な方法を伝授している。その教えは西洋の科学と東洋の神秘的な知恵を融合したものであり、誰でも理解、実行できる教え方には定評がある。

◉訳者について

青木桃子（あおき ももこ）

翻訳家。早稲田大学政治経済学部卒業。訳書に『アポロ13号　宇宙開発の冒険』『アラブ・イスラエル紛争』（ともに文渓堂）、『ナチュラル・ダイエット療法』『ニュー・ベジタリアン・グルメ』（ともに産調出版）、『心は病気を治せるか』（三田出版会）、『古代ギリシア』（河出書房新社）、『ラブ・シグナル――なぜ、髪をとく仕草に男は恋をするのか』（日本文芸社）などがある。

サイキックパワー

宇宙《うちゅう》の神秘《しんぴ》エネルギーとつながる方法《ほうほう》

◉著者

アンソニー・ノーヴェル

◉訳者

青木桃子《あおきももこ》

◉発行日

初版第1刷　2006年7月20日
初版第2刷　2007年7月20日

◉発行者

田中亮介

◉発行所

株式会社 成甲書房

郵便番号101-0051
東京都千代田区神田神保町1-42
振替00160-9-85784
電話03(3295)1687
E-MAIL　mail@seikoshobo.co.jp
URL　http://www.seikoshobo.co.jp

◉印刷・製本

中央精版印刷 株式会社

Printed in Japan, 2006

ISBN4-88086-199-5
ISBN978-4-88086-199-9

定価は定価カードに、
本体価はカバーに表示してあります。
乱丁・落丁がございましたら、
お手数ですが小社までお送りください。
送料小社負担にてお取り替えいたします。